出土文獻鄭國史料集釋(下)

白星飛　著

二、青銅器銘文所見鄭國史料集釋

凡　例

（一）集釋中青銅器銘文的釋文採用寬式，如「𠦪」直接作「奠」，「子=孫=」直接作「子子孫孫」。

（二）此章收錄所有可能與鄭國相關的青銅器銘文，若是不能確定是否與鄭國相關的青銅器銘文，則附於集釋之後，將銘文列出，不作集釋。

（三）文中所收錄的青銅器銘文按照器物的大致鑄造時間順序排列，器主相同的排列在一起，器主不詳的則任意排列。

（四）釋文中的通假字、異體字後加以（）隨文注明本字、正體字；訛字加〈〉注明正字；無法辨認之字則將銘文中的原字形放入釋文中；由於殘損無法辨識的字則以□表示。

（五）銘文的集釋部分，盡量保持所引文獻的原貌，有的爲行文需要會進行刪減或總結，刪減部分則以「……」表示。

（六）「集釋」中所引用的參考文獻均使用簡稱，如李學勤《考古發現與東周王城》〔C〕，《新出青銅器研究》，北京：文物出版社，1990 年 6 月，第234～245 頁，簡稱：李學勤 1990。集釋中所引論著和論文內容所在的頁碼均標注於參考文獻簡稱之後的括號內，參考文獻簡稱表附於集釋之後。

（七）爲行文方便，集釋中對以下著作使用簡稱：《殷周金文集成》簡稱《集成》，《新收殷周青銅器銘文暨器影彙編》簡稱《新收》，《商周青銅器銘文暨圖像集成》簡稱《銘圖》，《商周青銅器銘文暨圖像集成續編》簡稱《銘圖續》，《商周青銅器銘文選》簡稱《銘文選》，《中國國家博物館典藏甲骨文

金文集粹》簡稱《集粹》。

（八）此章所收錄的青銅器銘文，主要依據吳鎮烽先生《商周青銅器銘文暨圖像集成》一書。文中收錄的每件青銅器都注明其年代、出土地點、收藏者、著錄等信息。而青銅器銘文的釋文則在吳鎮烽先生《商周青銅器銘文暨圖像集成》一書的基礎上參照各家說法修訂而成。

（九）青銅器銘文集釋主要選取與鄭國史相關的內容，如鄭國的人名、地名等，其他部分大多不涉及。

1. 鄭同媿鼎

【年代】西周晚期
【收藏者】原藏陳介祺
【著錄】《集成》02415；《銘圖》01916

【釋文】

奠（鄭）同媿乍（作）旅鼎，其永寶用。

【集釋】

鄭同媿

【吳鎮烽 2006】（P323）：西周晚期媿姓婦女，嫁於鄭國。（P462）：（鄭同媿）由夫家國名（或氏名）、父家國名（或氏名）與女子的姓組成。

【韓巍 2007】（P43）：我們認為「鄭同」與「鄭井」「鄭虢」等氏名同例，應為同氏後裔中的一支改封於鄭地者；在原氏名「同」之前加「鄭」字，以示與大宗相別。「鄭同媿」應是嫁於鄭同氏的媿姓女子。

【劉麗 2015】（P40）：「鄭同媿」似爲嫁於鄭同氏的媿姓女子。鄭同氏金文中僅此一件，而且如上文所言母氏＋母姓的稱謂方式也極少見。也許有另外的可能性存在，有待更多材料的發現。

2. 鄭鑄友父鬲

【年代】西周晚期
【著錄】《集成》00684；《銘圖》02925

【釋文】

奠（鄭）𤊾（鑄）友父乍（作）幾姜旅鬲，其子子孫孫寶用。

【集釋】

鄭鑄友父

【吳鎮烽 2006】（P479）：西周晚期鄭國人。

幾姜

【吳鎮烽 2006】（P205）：季姜，見鄭鑄友父鬲，西周晚期姜姓婦女，鄭鑄友父的夫人。

【馬超 2014】（P10）：「幾」爲微部見母字，「季」爲質部見母字。聲韻相近，再結合文獻中常見的「叔姜」「杞伯姬」等女性人名，可知「季」是表排行字，「幾姜」爲姜姓之女嫁於鄭國者。

【劉麗 2015】（P34）：如果鄭鑄友父爲姬姓，則此器的鑄造有兩種可能：一是鄭鑄友父爲其姜姓的夫人所作的器物。「幾」爲姜氏的字或名或是其父氏。銘文中有「幾父」「伯幾父」，或是氏稱。第二種可能是，這是鄭鑄友父爲異姓女子所作的媵器。這種爲異姓女子作媵器的情況在青銅器銘文中也有一些，因此不排除這種可能。如果鄭鑄友父爲姜姓，則此器爲鄭鑄友父爲其宗室女作媵器。「幾」爲姜氏的字或名或是其所適夫家的氏稱。

3. 鄭伯筍父鬲

【年代】西周晚期
【收藏者】原藏頤和園，現藏故宮博物院
【著錄】《集成》00730；《銘圖》03006

【釋文】

奠（鄭）白（伯）筍（筍）父乍（作）弔（叔）姬障（尊）鬲，其萬年子子孫孫永寶用。

【集釋】

叔姬

【吳鎭烽 2006】（P197）：西周晚期姬姓婦女，鄭伯筍父的夫人。

【馬超 2014】（P10～11）：我們認爲此說（引者按：吳鎭烽之說）欠妥。同姓不婚一直是兩周時期婚取的原則（僅有個別例外），鄭爲姬姓之國，當不會再娶姬姓之女。此器當爲鄭伯筍父爲其女「叔姬」作器。

【李峰 2006】（P72）：叔姬很可能與裒盤的伯姬一樣，是來自姬姓宗族的女子。不過，關於這件銅器（鄭伯筍父鬲）的年代以及姬姓鄭氏建立以後與姜姓鄭氏的關係，尚需進一步研究。

鄭伯筍父

【吳鎭烽 2006】（P324）：西周晚期人，字筍父，鄭國族首領。

【劉麗 2015】（P35）：如果鄭伯為姬姓，則此器可以看作鄭伯為姬姓宗室女作的媵器。如果此鄭伯為姜姓，則此器可以看作是鄭伯為其夫人叔姬作的器物。

障

【劉麗 2015】（P35）：器物名前面加上「尊」，不一定是祭器。

4. 鄭伯筍父甗

【年代】西周晚期
【收藏者】舊藏金蘭坡
【著錄】《集成》00925；《銘圖》03319

【釋文】

漢（鄭）白（伯）筍（筍）父乍（作）寶獻（甗），永寶用。

5. 鄭伯匜

【年代】西周晚期

【出土地點】1985 年 3 月河南永城縣陳集鄉丁輪窰廠

【收藏者】原藏永城縣文物管理委員會，現藏永城市博物館

【著錄】《新收》87；《銘圖》14946

【釋文】

奠（鄭）白（伯）乍（作）宋孟姬䑠（媵）它（匜），其子子孫孫永寶用之。

【集釋】

鄭伯作宋孟姬䑠（媵）匜

【吳鎮烽 2006】（P324）：鄭伯，西周晚期人，鄭國族首領，其女孟姬嫁於宋國。

【馬超 2014】（P10）：此器爲鄭伯嫁女於宋國所作之媵器，宋國乃微子之所受封，屬子姓，都於今河南商丘附近，永城屬商丘治下，此鄭伯匜出土於此地與銘文記載一致。

【劉麗 2015】（P41）：從器物銘文看，此匜是鄭伯爲嫁往宋國的孟姬做的媵器，爲姬姓鄭無疑，說明鄭、宋有過婚姻關係。

6. 侯父甗

【年代】西周晚期

【收藏者】原藏頤和園，現藏故宮博物院

【著錄】《集成》00937；《銘圖》03334

【釋文】

奠（鄭）大（太）師小子厌（侯）父乍（作）寶戲（盨），子子孫孫永寶用。

【集釋】

鄭太師小子侯父

【郭沫若 08】（P80）：曰大師曰小子曰師者，蓋一人而兼三職，兼職之事，彝銘所習見。

【楊樹達】（P131）：竊疑小子之稱蓋謂官屬也。……小子為屬吏之泛稱。

【吳鎮烽 2006】（P234）：侯父，西周晚期人，鄭國太師的小子。

7. 鄭牧馬受簋蓋（3 件）

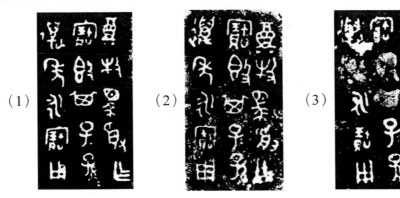

（1） （2） （3）

【年代】西周晚期

【出土地點】傳陝西出土

【收藏者】（1）原藏侯外廬，現藏中國國家博物館；（2）原藏羅伯昭，現藏中國國家博物館；（3）故宮博物院

【著錄】《集成》03878、03879、03880；《銘圖》04848、04849、04850

【釋文】

奠（鄭）牧馬受乍（作）寶段（簋），其子子孫孫萬年永寶用。

【集釋】

鄭牧馬受

【吳鎮烽 2006】（P324）：西周晚期人，名受，擔任鄭國牧馬之職。

【馬超 2014】（P9）：「牧馬」當爲職官，儳匜（《集成》10285）中有「牧牛」一詞同爲官職名，可能二者一個管理牛，一個管理馬，可作比較，「受」爲器主之名。

8. 鄭虢仲簋（3件）

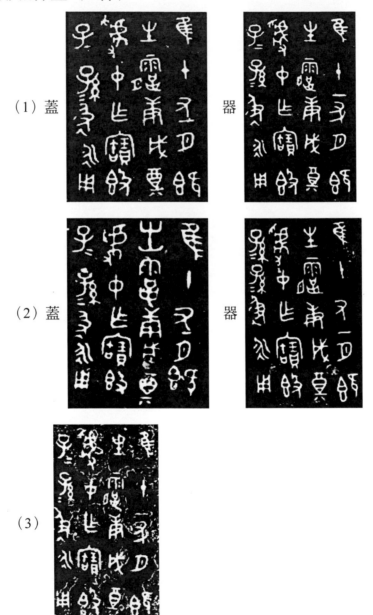

（1）蓋　　器

（2）蓋　　器

（3）

【年代】西周晚期

【收藏者】（1）原藏李山農，現藏日本東京書道博物館；（2）原藏李山農，現藏上海博物館；（3）原藏榮厚

【著錄】《集成》04024、04025、04026；《銘文選》456；《銘圖》04995、04996、04997

【釋文】

隹（唯）十又一月既生霸庚戌，奠（鄭）虢中（仲）乍（作）寶𣪘（簋），子子孫孫弝永用。

【集釋】

鄭虢仲

【陳槃】（P82～83）：奠虢仲即虢仲盨蓋之虢仲，字體亦相似。彼盨蓋銘云：「虢仲以王南征，伐南淮夷」。與《後漢書‧東夷傳》云「厲王無道，淮夷入寇，王命虢仲征之，不克」，相合。再以無㠱𣪘證之，知南征在十三年，《今本竹書紀年》云：「三年，淮夷侵洛，王命虢公長父征之，不克」。疑脫「十」字。虢仲則東虢公是也。蓋淮夷侵洛，東虢首當其衝，故王命率師征之耳。東虢而稱「奠虢」者，蓋虢之初祖始封虢，其地與今鄭縣接鄰。鄭地之一部分，殆旋復為虢所併，或本益封，因並食其邑，故曰「奠虢」矣。又邢國一稱「奠井」。即「鄭邢」，此則懿王時周公後邢國也，亦因兼有鄭國之邑，故並繫以「鄭」。案國君由於益地或遷居而有二氏，自古固有其例，商曰「殷商」，周曰「岐周」，楚曰「楚荊」，或曰「荊楚」，杜曰「唐杜」，樊曰「陽樊」，田敬仲之後曰「齊田」。大夫亦然，吳公子季札初食延陵稱「延陵季子」，繼食周來稱「延周來季子」，是也。以此例之，則「奠虢」「奠邢」二辭之由來，亦可知也。夫西周懿王與厲王之世，尚有鄭地與邢、虢為鄰，然則此鄭為殷遺之鄭，亦即桓公父子所建鄭國之地，決矣。

【馬承源 1988】（P325）：虢中，虢氏之一支，別支稱虢叔或虢季。虢仲冠以鄭字，明其居鄭為官時所作。西周居鄭之大夫甚多……此居鄭之大夫為王官，非鄭國的大夫。鄭之封在宣王時。西周時有西鄭、南鄭。……西周金文中之鄭在畿內之地，當為西鄭。

【吳鎮烽 2006】（P325）：西周晚期人，鄭虢氏。

9. 鄭虢仲念戜鼎

【年代】西周晚期
【出土地點】李蔭軒、邱輝先生捐贈
【收藏者】原藏潘祖蔭，現藏上海博物館
【著錄】《集成》02599；《銘文選》457；《銘圖》02171

【釋文】

奠（鄭）虢中（仲）念戜（勇）用乍（作）皇且（祖）文考寶鼎，子子孫孫永寶用。

【集釋】

鄭虢仲念戜

【陳佩芬 2004】（《西周篇（下冊）》P423）：本器鄭虢仲念鼎，是居鄭的虢仲名念所作。與鄭虢仲簋、虢仲鬲，爲同一邦國。

【吳鎮烽 2006】（P325）：春秋早期人，名念戜。鄭虢氏。

10. 鄭登伯鼎

【年代】西周晚期

【收藏者】故宮博物院

【著錄】《集成》02536；《銘文選》459；《銘圖》02108

【釋文】

奠（鄭）登白（伯）伋（及）弔（叔）嫚乍（作）寶鼎，其子子孫孫永寶用。

【集釋】

鄭登伯

【馬承源1988】（P326）：奠（鄭）登（鄧）白（伯）伋（及）弔（叔）嫚，作器人名。登即鄧，西周侯國，以國為氏。

【吳鎮烽2006】（P324）：西周晚期鄭國人，登氏家族的首領，夫人為叔嫚。

叔嫚

【馬承源1988】（P326）：叔嫚是鄧伯的夫人，母家姓嫚。

【吳鎮烽2006】（P324）：西周晚期嫚姓婦女，鄭登伯的夫人。

11. 鄭登伯鬲（3件）

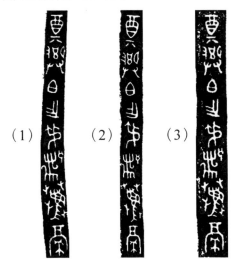

（1）　　（2）　　（3）

【年代】西周晚期

【收藏者】（1）原藏劉喜海、陳介祺，現藏故宮博物院；（2）原藏章乃器，現藏故宮博物院；（3）南京博物館

【著錄】《集成》00597、00598、00599；《銘圖》02794、02795、02796

【釋文】

奠（鄭）𤔲（登）白（伯）乍（作）弔（叔）㜏薦（薦）鬲。

【集釋】

奠（鄭）𤔲（登）白（伯）乍（作）弔（叔）㜏薦（薦）鬲。

【郭沫若 08】（P180）：𤔲字之形稍異，然以鄭𤔲叔盨例之，仍當是𤔲。𤔲乃氏，伯其字也。㜏當是女姓，右旁范略損，致不可識。此姓典籍無可考。

【吳鎮烽 2006】（P325）：奠𤔲伯，即鄭登伯，西周晚鄭國人，登氏家族首領，夫人爲叔㜏。

【劉麗 2015】（P34）：從銘文看，前三件鬲是鄭登伯爲夫人叔㜏做的器物，後面那件鼎，則是以兩人名義共同製作。雖然我們不能確切知道此㜏姓女子是哪國人，但這幾件銅器至少證明在西周晚期，鄭貴族與㜏姓國家有過婚姻關係。

12. 鄭登伯盨

蓋

器

【年代】西周晚期
【出土地點】1949 年以前洛陽老城東北邙山南坡
【收藏者】河南宜陽縣文化館
【著錄】《銘圖》05569

【釋文】

奠（鄭）鐙（登）白（伯）乍（作）寶須（盨），子子孫孫永寶用。

【集釋】

【張應橋、蔡運章 2009】（P47）：這兩件鄭登伯盨很可能是西周晚期晚段姬姓鄭國遷都新鄭前鑄造的器物。登氏、義氏都是姬姓鄭國初年的重要家族。

13. 鄭登叔盨

【年代】西周晚期
【著錄】《集成》04396；《銘文選》460；《銘圖》05580

【釋文】

奠（鄭）鐙（登）弔（叔）乍（作）旅盨，及子子孫孫永寶用。

14. 鄭登叔盨（鄭義羌父盨）

 蓋　　　器

【年代】西周晚期
【收藏者】某收藏家
【著錄】《銘圖》05581

【釋文】

　　蓋銘：奠（鄭）鼟（登）弔（叔）乍（作）旅盨，及子子孫孫永寶用。器銘：奠（鄭）義羌父乍（作）旅盨，子子孫孫永寶用。

【集釋】

鄭鼟叔

　　【郭沫若 08】（P180）：鼟叔猶上鼟伯，以鼟爲氏、叔爲字。

　　【吳鎮烽 2006】（P325）：奠鼟叔，即鄭登叔，西周晚期鄭國人，登氏公族。

15. 鄭姜伯鼎

【年代】西周晚期
【收藏者】上海博物館
【著錄】《集成》02467；《銘圖》02032

【釋文】

　　奠（鄭）姜白（伯）乍（作）寶鼎，子子孫孫其永寶用。

【集釋】

鄭姜伯

　　【吳鎮烽 2006】（P324）：西周晚期人，與鄭羌伯當爲一人。

　　【李峰 2006】（P71）：這件鼎的存在，證明西周晚期或者說鄭國東遷以前，鄭地確有姜姓之「伯」，而他很可能就是裘盤所講的鄭伯。鄭姜伯在這裡違反金文中男子不稱姓的原則，而稱自己爲「姜伯」，很可能是爲了與此時已經存在的姬姓鄭伯相區別。

【今按】：銘文中「姜」字當讀如本字，西周時期姜姓爲僅次於姬姓的第二大姓，且當時鄭地確有姜姓之族，西周時期男子稱氏不稱姓，銘文中的「姜」爲鄭姜伯之氏，此姜氏或出自鄭地的姜姓之族。吳鎮烽認爲「鄭姜伯」與「鄭羌伯」爲一人之說並無明確證據，此從李峰之說。

16. 鄭羌伯鬲（2件）

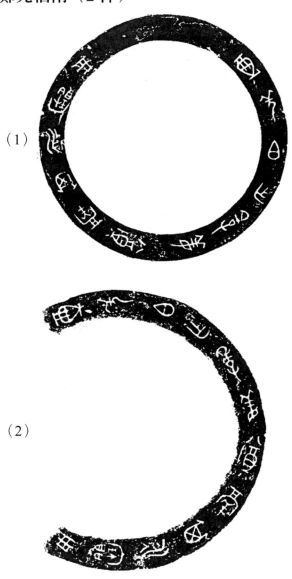

（1）

（2）

【年代】西周晚期

【出土地點】「見於滬市」

【收藏者】原藏羅振玉

【著錄】《集成》00660、00659；《銘圖》02871、02872

【釋文】

奠（鄭）羌白（伯）乍（作）季姜隣（尊）鬲，其永寶用。

【集釋】

鄭羌伯

　　【吳鎮烽 2006】（P324）：西周晚期鄭國人，羌氏家族首領。

季姜

　　【吳鎮烽 2006】（P205）：西周晚期姜姓婦女，鄭羌伯的夫人。

17. 鄭義伯盨

【年代】西周晚期

【收藏者】原藏承德避暑山莊，現藏臺北故宮博物院。

【著錄】《集成》04391；《銘文選》461；《銘圖》05576

【釋文】

奠（鄭）義白（伯）乍（作）旅須（盨），子子孫孫其永寶用。

18. 鄭義伯匜

【年代】西周晚期

【收藏者】原藏清宮，現藏臺北故宮博物院。

【著錄】《集成》10204；《銘圖》14891

【釋文】

奠（鄭）義白（伯）乍（作）季姜寶它（匜）用。

【集釋】

鄭義伯

　　【郭沫若 08】（P180）：鄭義伯猶稱鄭井叔，義伯乃作器者之字，蓋鄭之大夫，取姜姓女而爲作御器也。

　　【馬承源 1988】（P327）：奠（鄭）義白（伯），居鄭之義伯，義爲族氏之名，傳世有義伯簋銘「義伯作寔婦陸姞」。義爲氏稱，伯其字。

　　【趙艷霞 1996】（P123）：周代氏有複合形式，爲大氏、小支組成。春秋有人名鄭義伯，或曰爲鄭義氏。其實，對「鄭義氏」這種解釋本身，即可有兩種理解，一爲鄭義二字爲一氏名，一爲鄭之義氏。

　　【吳鎭烽 2006】（P324）：西周晚期鄭國人，義氏家族首領，夫人爲季姜。

季姜

　　【吳鎭烽 2006】（P205）：西周晚期姜姓婦女，鄭義伯的夫人。

19. 鄭義伯鑐

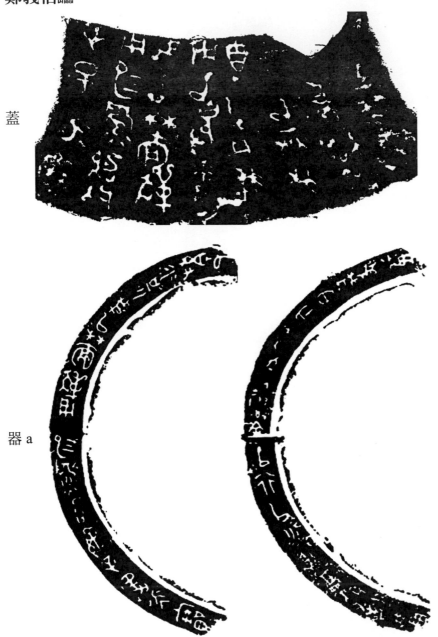

蓋

器 a

器 b

【年代】西周晚期
【收藏者】原藏頤和園，1951 年轉藏故宮博物院
【著錄】《集成》09973；《銘圖》14008

【釋文】

奠（鄭）義白（伯）乍（作）季姜霝（鑪），余吕（以）行吕（以）征，我酉（酒）即〈既〉清，我用吕（以）皮克ㄅ，我吕（以）薔猷（獸），用易（錫）釁（眉）壽，孫子乇（是）永寶。

【集釋】

奠（鄭）義白（伯）乍（作）季姜霝（鑪）

【李米佳 2004】（P72～73、74～75）：從器身銘文看，緊隨「鄭義伯作」後面的字，上半部有些模糊，從銘文痕跡仔細辨別應是個「禾」，所以此字是「季」無疑。「季」後尚有二字模糊不清，但從器形分析，最後的應是「霝（鑪）」字，盡管該字下面的三口只有中間的一個口可以看出。關鍵是「季」和「霝（鑪）」中間一字，仔細辨別，該字分為上下兩部分，上部似「姜」

字頭的右側，下部似「姜」下「女」的右側。……這一半字上部似「姜」字頭的左側，下部又似「姜」下「女」的大部，與器身的該字相合，又似「姜」下「女」的大部，與器身的該字相合，正構成一個完整的「姜」字。

從銘文上看，鄭義伯𤪽與鄭義伯匜都出現了「季姜」二字，因而二器可能具有某種聯繫。𤪽主要流行於西周晚期，春秋初期已基本消失，而鄭義伯𤪽的器形又具有西周晚期的特點。因此，三器的作器人有可能是同一人，他的生活年代約在西周晚期和春秋初期之間。

【劉麗 2015】（P40）：從銘文中表明的器物用途看，此器不像是媵器。應是鄭義伯爲夫人季姜所作的器物。說明鄭國的貴族與姜姓有過婚姻關係。

余呂（以）行呂（以）征

【李米佳 2004】（P73）：「余以行以川」和第五句「我以替歔」似更爲準確，與《夫跌申鼎》銘中的「余台煮台享，台伐四方」及《郘公華鐘》銘「台樂大夫，台宴氏庶子」的句式類同。

【謝明文 2015】（P66）：「余以行以」後面一字，器銘作「▨」。從蓋銘的字形來看，該字右邊所從之「▨」實乃「彳」旁，而左邊「▨」明顯是「正」字之變，故該字應釋作「征」，而器銘之字則應是「征」之訛體。

我酉（酒）即〈既〉清

【李米佳 2004】（P73）：第三句「我鄭□造」，銘文外模糊不清，「我」「鄭」「造」可以看出，另一字卻不清楚。這也許是因本身書寫較草所致，也可能是後來剔壞的。

【謝明文 2015】（P67）：「我」後面一字，研究者一般釋作奠「鄭」，只有極個別學者釋作「酉」。但器銘「奠（鄭）義伯」之「奠（鄭）」比較清楚，作「▨」，與此雖近，但底部筆劃有別。又結合文義來看，筆者認爲「我」下之字應釋作「酉」，讀作「酒」。「酉（酒）」後面一字，其中「卩」旁失眞。從字形上看當以釋「即」爲是，但據文義此「即」字似當看作「既」字之訛。「即〈既〉」後面一字，舊有「浩」「造」「沽」「徯」等釋法。該字左邊雖然不是特別清楚，但它右邊明顯從「水」。蓋銘中與此相應之字殘去右半，其左邊殘存部分，由蓋銘的形體可知該字左下部分不從「口」，而與金文中「靜」字所從「井」旁的某些寫法相近，故舊釋「浩」「造」「沽」「徯」等釋法皆誤。再結合該字器銘、蓋銘上的字形以及文義來看，它顯然應釋作「清」。「我

酒既清」,「清」指酒而言。

我用吕（以）皮克丂

　　【李米佳 2004】（P73）：第四句「我用以皮□」,更接近實物原文。其中「皮……」,按金文行文習慣可當地名處理。

　　【謝明文 2015】（P68）：「以」後面一字,其上當是「十字形筆劃」。而金文中「皮」字一般做「」形,類似口形的部分上面不會出現其它筆劃（參看四版《金文編》第 209 頁「皮」字條）,故此字非「皮」字。據蓋銘之形,它應分析從又從克（參看四版《金文編》第 498 頁「克」字條）,可隸作「尅」。「尅」實乃「克」字異體,可徑釋作「克」。

20. 鄭義羌父盨

【年代】西周晚期
【收藏者】原藏葉東卿
【著錄】《集成》04392；《銘文選》462；《銘圖》05582
【釋文】
　　奠（鄭）義羌父乍（作）旅盨,子子孫孫永寶用。

21. 鄭義羌父盨蓋

【年代】西周晚期

【收藏者】原藏羅振玉

【著錄】《集成》04393

【釋文】

　奠（鄭）義羌父乍（作）旅盨，子子孫孫永寶用。

【集釋】

鄭義羌父

　【吳鎮烽 2006】（P324～325）：西周晚期鄭國人，字羌父，義氏。與鄭義伯或為一人。

22. 叔䣄父盨（4件）

（1）蓋
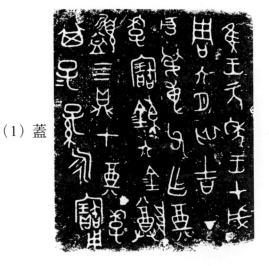
器
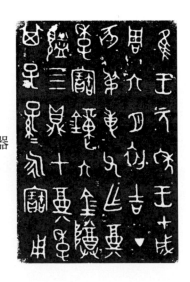

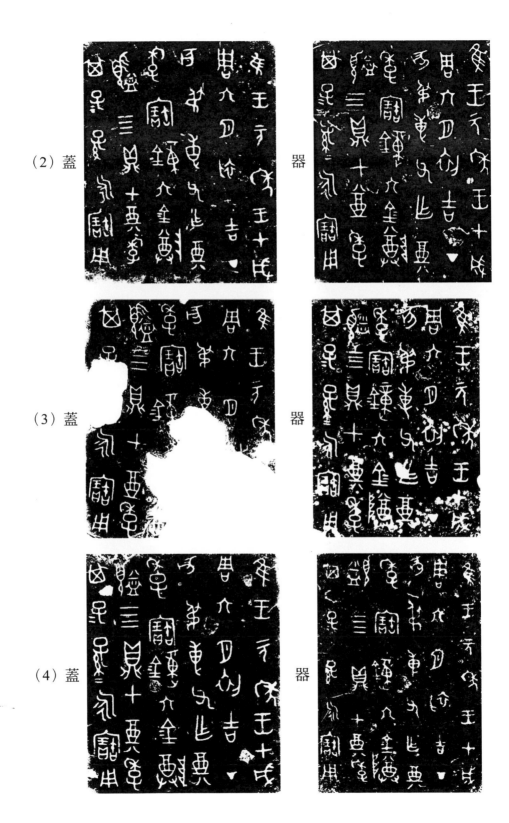

（2）蓋　　　器

（3）蓋　　　器

（4）蓋　　　器

【年代】西周晚期

【出土地點】1964 年 10 月西安市長安區馬王鎮張家坡村西周墓葬

【收藏者】中國社會科學院考古研究所西安研究室

【著錄】《集成》04454、04455、04456、04457；《銘文選》402；《銘圖》05657、05658、05659、05670

【釋文】

　　隹（唯）王元年，王才（在）成周，六月初吉丁亥，弔（叔）剌（劐）父乍（作）奠（鄭）季寶鐘六，金隣（尊）鐳三（四）、鼎七，奠（鄭）季其子子孫孫永寶用。

【集釋】

叔剌父

　　【吳鎮烽 2006】（P197）：西周晚期人。（原釋爲「叔專父」）

鄭季

　　【吳鎮烽 2006】（P324）：西周晚期人，叔剌父的長輩。

　　【今按】：銘文中「叔剌父」在同輩中排行第三，而「鄭季」既然稱「季」，應當是排行第四，鄭季或爲叔剌父之弟，叔剌父鐳或是叔剌父爲其弟所作之器。稱「鄭季」者，應當是以地名爲氏，叔專父和鄭季當屬鄭氏。

23. 鄭楙叔賓父壺

【年代】西周晚期

【收藏者】原藏潘祖蔭

【著錄】《集成》09631；《銘圖》12320

【釋文】

奠（鄭）棽弔（叔）賓父乍（作）醴壺，子子孫孫永寶用。

【集釋】

鄭棽叔賓父

【郭沫若 08】（P182）：棽，氏；叔賓父，字。別有叔賓父盨，當係一人之器。

【吳鎮烽 2006】（P325）：西周晚期人，字賓父，鄭棽氏。

【馬超 2015】（P12）：棽叔賓父爲鄭國之貴族。

24. 夾膚盨

蓋  器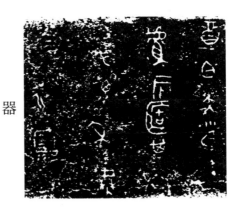

【年代】西周晚期
【出土地點】2011 年 5 月見於西安
【收藏者】某收藏家
【著錄】《銘圖》05896

【釋文】

奠（鄭）白（伯）大小臣夾虞（膚）乍（作）臣（盨），其釁（眉）壽萬年無疆，永寶用。

【集釋】

鄭伯大小臣虞

【馬超 2014】（P13）： ，《銘圖》釋此字爲「膚」，不確，其上從

「虍」，下從「且」，當釋爲「虗」，「夾虗」爲「鄭伯大小臣」之名。另外銘文中「⿰（作）」字倒寫，當是作範時的失誤。

【今按】：據趙平安之說，「長方形、斗狀、器蓋同形器定名爲『盝』」〔註1〕，參看此器器形，銘文中「匜」字或當釋作「盝」。

25. 鄭叔歡父鬲

【年代】春秋早期

【收藏者】上海博物館

【著錄】《集成》00579；《銘圖》02783

【釋文】

奠（鄭）弔（叔）歡父乍（作）羞鬲。

〔註1〕趙平安《「盝、鋪」再辨》，《古文字研究》第三十一輯，北京：中華書局，2016年10月，第226～230頁。

【集釋】

鄭叔歡父

　　【吳鎮烽 2006】（P324）：春秋早期人，字歡父，鄭國公族。

26. 鄭邢叔歡父鬲（2件）

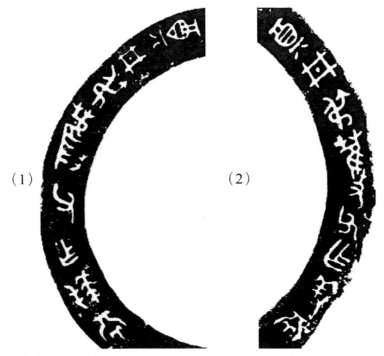

（1）　　　　　　　　　　（2）

　　【年代】春秋早期
　　【收藏者】故宮博物院
　　【著錄】《集成》00580、00581；《銘圖》02809、02810

【釋文】

　　（1）奠（鄭）井（邢）弔（叔）歡父乍（作）捧（饋）鬲。（2）奠（鄭）井（邢）弔（叔）歡父乍（作）羞鬲。

【集釋】

鄭井叔歡父

　　【吳鎮烽 2006】（P323）：即鄭邢叔歡父，春秋早期人，字歡父，鄭邢氏。與鄭叔歡父可能爲同一人。

27. 鄭子石鼎

【年代】春秋早期
【收藏者】天津市藝術博物館
【著錄】《集成》02421；《銘文選》776；《銘圖》01975

【釋文】

奠（鄭）子石乍（作）鼎，子子孫孫永寶用。

【集釋】

鄭子石

【楊樹達】（P164～165）：春秋時鄭大夫印段、公孫段並字子石，同時為鄭卿。《左傳》襄公二十七年云：「鄭伯享趙孟于垂隴，子展、伯有、子西、子產、子大叔、二子石從。」所謂「二子石」者，即印段與公孫段也。是鼎為印段所制器乎？抑公孫段所制乎？今無由辨之矣。

【馬承源 1988】（P499）：鄭子石之名見於《左傳·襄公廿七年》：「鄭伯享趙孟于垂隴，子展、伯有、子西、子產、子大叔、二子石從。」杜預《注》：「二子石，印段、公孫段。」子石是印段和公孫段的字，此鼎之子石未能確知是指誰。

【吳鎮烽 2006】（P323）：春秋早期鄭國人，字子石。春秋早期鄭國大夫中，有兩個人的字叫子石。一個名印段，另一個名公孫段，兩人同時為鄭卿。此鼎作者當為二子石之一。

【馬超 2014】（P15）：吳先生之說有矛盾之處，在《金文人名彙編》一書中明言「二子石」為「襄公」時人，襄公在位時間是前 575 年-前 542 年，此時為春秋晚期。而《銘圖》又定鄭子石鼎為春秋早期。

【今按】：《集成》《銘圖》均將此器年代定為春秋早期，而傳世文獻中的「鄭子石」見於《左傳》襄公二十七年，魯襄公二十七年屬於春秋中晚期。據該青銅器的年代，銘文中之「鄭子石」恐另有其人，並不是傳世文獻中所載之印段或公孫段。

28. 鄭饔邍（原）父鼎

【年代】春秋早期
【收藏者】原藏葉志詵
【著錄】《集成》02493；《銘文選》775；《銘圖》02008

【釋文】

奠（鄭）饔（饔）邍父盥（鑄）鼎，其萬年子孫永用。

【集釋】

鄭饔邍父

【馬承源 1988】（P499）：饔通雍，鄭有雍氏，《史記・鄭世家》：「厲公四年，祭仲專國政。厲公患之，陰使其壻雍糾欲殺祭仲。」裴駰《集解》引賈

逵云：「雍糾，鄭大夫。」

【吳鎮烽 2006】（P325）：即鄭饔原父，春秋早期人，字原父，擔任鄭國公室的饔人掌管公室烹飪諸事。

【馬超 2014】（P16）：此「饔」當如吳先生所說爲職官名。我們知道很多官職後來都發展爲了姓氏：司徒、司馬等。所以此處的職官「饔」很有可能與姓氏「雍」有聯繫。

29. 鄭師邍（原）父鬲

【年代】春秋早期
【收藏者】原藏清宮，後歸潘祖蔭
【著錄】《集成》00731；《銘圖》02978

【釋文】

隹（唯）五月初吉丁酉，奠（鄭）師彖（邍）父乍（作）薦鬲，永寶用。

【集釋】

鄭師邍父

【吳鎮烽 2006】（P324）：即鄭師原父，春秋早期人，字原父，擔任鄭國的師職。

【陳劍 2008】（P131）：「彖／彖」是古書「田獵」義之「原」的本字、表意初文，其義本與原野之「邍」無關。棄繁體增從「彳」，可能還有再增從「止」作從「辵」的寫法，「邍」字即從意符「田」（或將「田」說爲聲符，不確）從之得聲。

【馬超 2014】（P16）：作器者「邍父」在鄭國擔任「師」。「鄭饔原父鼎」作器者亦稱「邍父」，當爲同一人，而兼任師、饔兩個職位，故既稱饔邍父又稱師邍父。

【今按】:「鄭饔邊父鼎」與「鄭師邊父鬲」銘文中的「饔」與「師」當為官職,而「邊父」當為字,由官職和字兩部分組成的人名於金文中常見,如「史宜父」「師毛父」「善夫吉父」等。吳鎮烽先生認為「邊」與「原」相通,器主字「原父」,先秦時期常有以先人之字為氏者,不知以上兩件青銅器銘中的「饔原父」和「師原父」是否與鄭國的原氏有關。《左傳》莊公十四年載鄭厲公稱原繁為伯父,清人顧棟高言「疑原氏即周原伯之後仕于鄭者」〔註2〕。

30. 鄭戜句父鼎

【年代】春秋早期

【著錄】《集成》02520;《銘圖》02085

【釋文】

奠(鄭)戜(勇)句父自乍(作)飤鬴(鼎),其子子孫孫永寶用。

【集釋】

鄭戜句父

【郭沫若 08】(P180~181):「戜」蓋「戎」字之異,從戈用聲,句父之氏也。舊釋為勇,不確。

〔註2〕 (清)顧棟高《春秋大事表》,北京:《中華書局》,1993 年 6 月,第 1193 頁。

【楊樹達】：（P232）：《說文·力部》勇或作戓，舊釋是，郭說非是。

【吳鎮烽 2006】（P324）：春秋早期鄭國人，字句父，戓氏，鄭國大夫。

【今按】：銘文中之「戓」為鄭戓句父之氏，當無疑義。《說文》勇之或體作「戓」，伯勇父盨銘文中「勇」字作「戓」，由此觀之，「戓」當讀作「勇」。然據傳世文獻記載，鄭國並無勇氏。據《左傳·桓公十五年》載：「祭仲專，鄭伯患之，使其壻雍糾殺之。將享諸郊。雍姬知之，謂其母曰：『父與夫孰親？』其母曰：『人盡夫也，父一而已，胡可比也？』遂告祭仲曰：『雍氏舍其室而將享子於郊，吾惑之，以告。』祭仲殺雍糾，尸諸周氏之汪」，知鄭國有雍氏。雖無「勇」與「雍」二字互通之例，但二字上古音同屬以母東部，兩字讀音相近，銘文「戓」或為「雍」之同音假借字。此器銘文中的「戓」或用作「雍」。

31. 寶登鼎

【年代】春秋早期

【出土地點】1995 年河南登封市告成鎮原窑村北春秋墓（M3.6）

【收藏者】鄭州市文物考古研究所

【著錄】《銘圖》02122

【釋文】

奠（鄭）噩弔（叔）之子宩（寶）登乍（作）鼎，子子孫孫永寶用亯（享）。

32. 子耳鼎

【年代】春秋早期

【出土地點】1995 年河南登封市告成鎮原窰村北春秋墓（M3.181）

【收藏者】鄭州市文物考古研究所

【著錄】《銘圖》02253

【釋文】

奠（鄭）白（伯）公子子耳乍（作）盂鼎，其萬年釁（眉）壽無疆，子子孫孫永寶用。

【集釋】

鄭罌叔之子寶登；鄭伯公子子耳

【張莉 2007】（P77～78）：「![]」釋爲「陶」。銅鼎銘文明確載明青銅鼎的鑄造者爲子耳和陶登，兩個名字同出一墓又分鑄於兩個器物，兩個名字應同爲一個人……筆者認爲有可能其中一個爲字，一個爲名。從銘文第一個字看，首先確認其爲鄭國人是毫無疑義的；第二是鄭國貴族嫡系子弟，因爲均冠有「鄭伯公子」「鄭罌叔之子」，他們之間的關係均爲鄭國伯爵的下一代，

均未繼位爲國君，顯然非爲鄭國君嫡長子，而應爲次子之後。而墓主在眾多春秋早期鄭國諸公子中要準確對號，那幾乎是不可能的事，然而從銅鼎銘文中發現「鄭覂叔」給我們提供了重要線索。因爲這批墓葬屬於春秋早期遺存，在春秋早期鄭國可稱爲「覂叔」者恐怕只有「鄭伯克段于鄢」著名歷史事件中的共叔段。……只有共叔段〔註3〕之子可稱鄭覂叔之子，那麼陶登即爲共叔段之子，亦即子耳，子耳與陶登爲一人。由此鄭莊公貶其母於潁，那麼城潁作爲叔段之後的封地，而使共叔段之子將其族墓地葬於潁河對岸的小山上，則爲合情合理的了。至於子耳，雖簡公時史書載有子耳一名，但此子耳已非彼子耳也。

【馬超 2014】（P17～21）：說「子耳」與「寶登」爲一人可信。但是言其爲共叔段之子則缺乏證據。……「▢」釋爲「喪」當可信。（寶登鼎）銘文中「▢」字很有可能是「皿」字。鄭國「公子子耳」見於《左傳・襄公八年》：「鄭子國、子耳侵蔡」。杜預言其爲「子良」（按：即公子去疾）之子，據《左傳》知「子耳」又名公孫輒。《說文》：「輒，車兩輢也。」段玉裁《說文解字注》：「車兩輢謂之輒。按車必有兩輢。如人必有兩耳。故從耴。耴，耳垂也。」由此可見「輒」與「耳」有意義聯繫。公孫輒當即鄭伯公子子耳鼎之「子耳」。我們從古文字中「皿」的寫法可知，「皿」這種器物也是有雙耳的。所以「皿」字與「耳」字一樣與「輒」字有意義聯繫。「寶皿」和「子耳」同是公孫輒的又名，這一點是非常符合古人取名習慣的。……確定了「寶皿」即公子去疾之子——公孫輒，那麼本銘中的「喪叔」當即公子去疾，也就是鄭穆公的兒子，鄭靈公及鄭襄公的弟弟「子良」。

【今按】：雖然傳世文獻中所載的公孫輒字子耳，但並不代表銘文中的「子耳」就是鄭國良氏的公孫輒。此器的年代爲春秋早期，而公孫輒生活年代爲春秋中後期，二者年代相差較遠，且銘文中稱「鄭伯公子子耳」，與公孫輒的身份不符，公孫輒之父公子去疾將君位讓與鄭襄公，其並非鄭國之國君，所以公孫輒也不可能自稱「公子」。所以銘文中的「鄭伯公子子耳」並非鄭國良氏之子耳，馬超之說當不可從。器主名寶登，字子耳。恰好其字與公孫輒相同，銘文中的「子耳」當爲春秋早期某位鄭國國君之子。

〔註3〕原文「共叔段」作「公叔段」之誤，今據《左傳》改之。

33. 鄭伯氏士叔皇父鼎

【年代】春秋早期

【收藏者】唐蘭先生藏拓本

【著錄】《集成》02667；《銘圖》02287

【釋文】

奠（鄭）白（伯）氏士弔（叔）皇父乍（作）旅鼎，其瞏（眉）壽萬年無疆，子子孫孫永寶用亯（享）。

【集釋】

鄭伯氏士叔皇父

【吳鎮烽 2006】（P480）：叔皇父，字皇父，兄弟間排行第三，他是春秋早期鄭國人，鄭伯氏的士。

34. 伯高父甒

【年代】春秋早期

【收藏者】原藏丁樹楨，現藏上海博物館

【著錄】《集成》00938；《銘圖》03342

【釋文】

奠（鄭）氏白（伯）高父乍（作）旅獻（甒），其萬年子子孫孫永寶。

【集釋】

鄭氏伯高父

【吳鎮烽 2006】（P323）：春秋早期人，字高父，鄭氏。

【馬超 2014】（P13）：此「伯高父」自稱「鄭氏」，亦當和櫟叔賓父一樣，為鄭國之貴族。

35. 召叔山父簠（2件）

（1）

（2）

【年代】春秋早期

【收藏者】（1）原藏陳廣寧；（2）原藏清宮，現藏臺北故宮博物院

【著錄】《集成》04601、04602；《銘圖》05944、05945

【釋文】

奠（鄭）白（伯）大嗣（司）工（空）召弔（叔）山父乍（作）旅匠（盨），用亯（享）用孝，用匄釁（眉）壽，子子孫孫用爲永寶。

【集釋】

鄭白大嗣工召叔山父

【郭沫若08】（P181）：「奠白大嗣工」者言鄭伯之大司空，職上係國，復係具其國之爵，此例僅見。召，氏；叔山父，字。

【吳鎮烽2006】（P105、324）：鄭伯，春秋早期人，鄭國某代國君。召叔山父，春秋早期人，字山父，召氏公族，擔任鄭國大司工。

36. 鄭伯盤

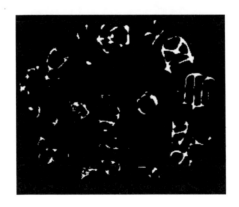

【年代】春秋早期

【收藏者】上海博物館

【著錄】《集成》10090；《銘文選》4.774；《銘圖》14431

【釋文】

奠（鄭）白（伯）乍（作）般（盤）也（匜），其子子孫孫永寶用。

【集釋】

鄭伯

　　【吳鎮烽 2006】（P324）：春秋早期人，鄭國某代國君。

37. 叔上匜

【年代】春秋早期
【收藏者】故宮博物院
【著錄】《集成》10281；《銘文選》777；《銘圖》14995

【釋文】

　　隹（唯）十又二月初吉乙子（巳），奠（鄭）大內史弔（叔）上
乍（作）弔（叔）孃（妘）朕（媵）盙（匜），其萬年無疆，子子孫
孫永寶用之。

【集釋】

鄭大內史叔上

　　【郭沫若 08】（P182）：內史上冠以大字，此例僅見，殆是內史之長。

　　【馬承源 1988】（P500）：大內史，職官名。內史上冠以大字，此例僅見。
大內史猶大司馬、大司寇、大司空等，當為內史之長。

【吳鎮烽 2006】（P194）：春秋早期人，擔任鄭國大內史。

【馬超 2014】（P22）：此爲叔上爲嫁女所作媵器，由器銘可知叔上爲妘姓，在鄭國擔任大內史之職。《路史・卷二十一》：「于是禹、益進戒。遂申錫羣后，封棄百里之駓，賜姓妘氏。」

【劉麗 2015】（P41）：大內史應該爲內史中職位較高者。此器是鄭大內史叔上爲叔妘作的媵器，從媵器銘文格式看，鄭大內史叔上爲妘姓可能性很大。還有一種可能，即鄭叔上爲姬姓，此器是他爲異姓來媵女作的媵器，這種情況在金文中也是存在的。

叔妘

【吳鎮烽 2006】（P200）：即叔妘，春秋早期妘姓女子，鄭國大內史叔上的三女兒。

38. 良夫盤

【年代】春秋中後期
【收藏者】某收藏家
【著錄】《銘圖》14521

【釋文】

隹（唯）王正月初吉丁亥，奠（鄭）武公之孫聖白（伯）之子良

夫鬥（擇）뀨（厥）吉金，自乍（作）盥鑑（盤），子子孫孫永寶用之。

39. 良夫匜

【年代】春秋中後期
【收藏者】某收藏家
【著錄】《銘圖》15000

【釋文】

佳（唯）王正月初吉丁亥，奠（鄭）武公之孫聖白（伯）之子良夫鬥（擇）뀨（厥）吉金，自乍（作）盥鉈（匜），子子孫孫永寶用之。

【集釋】

鄭武公之孫聖伯之子良夫

【馬超 2014】（P23）：銘文中出現三個人名：鄭武公、聖伯、良夫。鄭武公即姬掘突。聖伯爲鄭武公之孫，又稱「某伯」自是排行老大，則當爲鄭

武公之長孫，鄭莊公之長子鄭昭公姬忽。良夫則是鄭昭公之子。

鄭國親附楚國大致是從春秋早期開始的，《左傳·僖公十八年》記：「鄭伯始朝于楚，楚子賜之金。」良夫盤與良夫匜銘文字體線條逶迤，結體狹長。具有南方風格，當是鄭依附楚國之後所鑄。

【黃錦前 2016】：器主良夫稱其係「鄭武公之孫聖伯之子良夫」，「良」係氏稱。同樣，「良氏」亦係鄭國「七穆」之一，其源自鄭穆公之子公子去疾，去疾字子良，曾爲鄭卿，其事跡見於《左傳》宣公四年至成公七年等記載，其後人以「良」爲氏。「聖伯」，推測可能即見於文獻的「伯有」，其人其事見於《左傳》襄公十一年至昭公七年等記載，名「良霄」，「伯有」係其字，係公孫輒之子，去疾之孫，在鄭國歷史上是一個有作爲的人。其主要活動時間是在公元前 560 年至公元前 543 年。然則其子良夫的主要活動時代，或與封子楚大致相當或略早。

【今按】：良夫盤和良夫匜當爲鄭國良氏之器，器主當出自鄭國良氏，至於銘文中的「聖伯」是否如黃錦前所說爲伯有，尚有待考證。鄭國良氏出自鄭穆公，出現於春秋中後期，此二件青銅器的年代也當爲春秋中後期。

40. 封子楚簠

蓋

器

【年代】春秋晚期
【收藏者】中國國家博物館
【著錄】《集粹》73

【釋文】

　　隹（唯）正月初吉丁亥，垬（封）子楚奠（鄭）武公之孫，楚王之士，羉（擇）其吉金，自乍（作）飤匠（簠）。用會嘉賓、大夫及我朋客（友）。虤虤弔（叔）楚，剌之元子，受命于天，萬葉（世）朋（弗）改，其贅（眉）壽無諆（期），子子孫孫，永保用之。

【集釋】

垬（封）子楚鄭武公之孫，楚王之士

　　【謝雨田 2006】：「封」當是國族名。金文中男子稱謂「某子某」之「子」，既可以是爵稱，也可以是尊美之稱。「封子楚」之「子」，我們認為是爵稱。

「楚」，器主私名。「封子楚鄭武公之孫，楚王之士」，其中「鄭武公之孫，楚王之士」是名詞短語作謂語，這一句是交代封子楚的身份，講述他是鄭武公之後，而仕於楚。結合器形與字體考慮，此簠時代應屬春秋晚期，因此銘文的「孫」應當是指裔孫，此種情形金文中多見。從封子楚是鄭武公的後裔來看，可以推知曾有一個姬姓封氏或封國存在。……器主「封子楚」應係春秋晚期後段人，其主要活動時間，約在公元前530年前後。這一時期，鄭國當政者係鄭簡公和鄭定公。封子楚自稱係「楚王之士」，則「楚王」應係楚靈王或楚平王。

【黃錦前 2016】：這是當時銘文中流行的一種自報家門以標示閥閱的套語。……器主自名「封子楚」，按照古人的命名習慣，「封」應係其氏稱，「子楚」係其名。……據文獻記載，鄭國歷史上有所謂的「鄭國七穆」，即春秋時期鄭國七家卿大夫家族，他們皆係鄭穆公的後代，與魯國三桓、晉國六卿一樣都是卿族執政，故名。其中「七穆」之一的「丰氏」，源自鄭穆公之子公子丰，在鄭釐公時任上大夫，其後人以「丰」為氏。其事跡主要見於《左傳》襄公七年等。本銘中用作氏稱的「封」，應即文獻之「丰」，文獻或傳鈔作「豐」，不確。

【張崇禮 2016】：銘文中「楚」字的修飾語為「坒（封）子」，「封」與「邦」為同源字。《說文》：「邦，國也。」段注：「邦之言封也。古邦封通用。」封子，猶邦君也，指諸侯國君主。封子楚，即國君楚。

【程浩 2017】（P56～57）：「封子楚」或可與清華簡《繫年》中的「子封子」聯繫起來。簠銘中封子楚為楚聲王之士，《繫年》中的子封子則出現在楚悼王三年。考慮到楚聲王在位僅六年便由其子悼王即位，二者非常接近。「封子楚」與「子封子」兩個稱號也有著內在聯繫。「子封子」中「封子」是其字，「楚」或為其名，「封子楚」乃是一種「字＋名」的稱法。……封子楚仕於楚國，《繫年》中又作為鄭國四將軍之一「率師以禦楚人」，或許與楚聲王死後楚國內亂有關。楚聲王在位六年即被盜殺，或許是君位爭奪的結果。《史記·六國年表》有「王子定奔晉」，據《繫年》可知其為楚王子。《繫年》第二十三章記載鄭國與楚國這次大戰，前因就是「晉與鄭師以入王子定」。楚聲王死後，王子定在晉、鄭支持下與悼王爭奪楚君之位。封子楚為王子定支持者，事敗後出奔母國。而在楚國起師報復鄭國時，由於封子楚熟悉楚國的情況，便被選作了抵禦楚師的將領。

用會嘉賓、大夫及我朋旮（友）

【張崇禮 2016】：「用會嘉賓、大夫及我朋友」，會，疑應讀爲「饋」。古「會」字和從「貴」聲之字常相通用。

虢虢弔（叔）楚，剌之元子

【謝雨田 2006】：「之元子」前一字，《集粹》釋作「爲」。此字蓋銘作「[圖]」，比較「[圖]」「[圖]」（鄭莊公之孫鼎，《銘圖》02409），可知它們顯然是一字，即「剌」字左邊所從，它與「剌」可通用。此字器銘拓本作「[圖]」，照片作「[圖]」，右邊明顯從「刀」，此形即「剌」字。「楚剌之元子」亦是交代身世，表示器主「楚」是「剌」的兒子。

【黃錦前 2016】：銘文「自作飤簠」以下，田率斷讀作「用會嘉賓、大夫，及我朋友虢叔，楚爲之元子」，不辭。「用會嘉賓、大夫及我朋友」句，金文屢見，應於此絕句。「虢虢叔楚，剌之元子」爲句，其中蓋銘「虢」下有一短橫，當係重文號，器銘不太清晰。「虢虢」表修飾詞，多見於金文，如晉公盆「虢虢在上」等，或讀作「赫赫」。……從上下文來看，「叔楚」亦應係器主自稱，亦即「子楚」，「子」係美稱，「叔」係排行。「元子」一般指長子，《儀禮·士冠禮》：「天子之元子猶士也。」鄭玄注：「元子，世子也。」此銘的「虢虢叔楚，剌之元子」之「元子」，似不能如此理解。「元子」之「元」，應係善、吉之義。《書·舜典》：「柔遠能邇，惇德允元。」僞孔傳：「元，善之長。」……封子楚簠與鄭莊公之孫鼎、缶的時代皆爲春秋晚期後段，據文獻記載，約當這一時期的丰氏在鄭國任卿大夫者有公子丰之孫丰施、丰卷，其事跡分別見於《左傳》昭公七年、十七年、襄公三十年等，他們與子產的時代相當。鄭莊公之孫鼎、缶又稱「剌」作「剌叔」，綜合《左傳》有關「丰卷奔晉」等記載及下文將要討論的封子楚與鄭莊公之孫鼎、缶器主皆流出仕楚國等信息來看，本銘的「剌」，可能即丰卷，其子「封子楚」等係鄭穆公的玄孫。

【張崇禮 2016】：我們認爲「楚」應該就是鄭文公。誠如黃先生所言，「受命于天」東周時僅用於諸侯，普通貴族不太可能說「受命于天，萬世不改」。換句話說，「受命于天，萬世不改」一語，基本確定了「楚」的身份爲諸侯國君。再參考其爲鄭厲公之長子，則非鄭文公莫屬。鄭文公爲鄭國國君，似乎

與銘文中「楚」自言爲「楚王之士」相矛盾。其實，據《史記・楚世家》，楚成王三十四年，「鄭文公南朝楚」。鄭文公臣事楚國，自稱「楚王之士」，是很合適的。得此證據，反過來又可以證明黃傑先生讀「剌」爲「厲」的意見是正確的。

【今按】：「虢」字銘文作 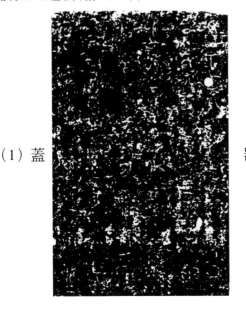，其右下確有一短橫，且從蓋銘照片來看，此字右部磨損較爲嚴重，此字右下的短橫爲殘缺的重文符的可能性較大，且斷讀爲「用會嘉賓、大夫及我朋友。虢虢弔（叔）楚，刺之元子」亦是較爲通順，黃錦前之說可從。銘文中既然稱器主爲「弔（叔）楚」，若將「元子」釋爲「長子」，則與此稱謂相矛盾。黃氏之說可從，「元」當爲善、吉之義，如《周易》中常見之「元亨，利貞」。

萬葉朋改

【謝雨田 2016】：「萬葉（世）朋改」之「朋」，結合文意以及語音，我們認爲它應讀作「不」。「不」，幫母之部，「朋」，並母蒸部，兩者聲母同屬唇音，韻部陰陽對轉。從文意看，簠銘「萬葉（世）朋改」之「朋」讀作「不」亦非常合適。

【黃錦前 2016】：「朋」與「弗」聲韻皆近，在此應讀作「弗」。

41. 鄭莊公之孫鼎（2 件）

（1）蓋　　　　　　　　器

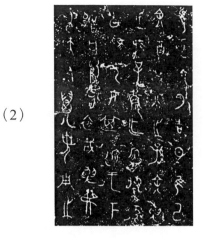

（2）

【年代】春秋晚期

【出土地點】1988 年 8 月湖北襄樊市襄陽余崗村團山春秋墓

【收藏者】襄樊市博物館

【著錄】《新收》1237；《銘圖》02408、02409

【釋文】

佳（唯）正六月吉日佳（唯）己，余奠（鄭）臧（莊）公之孫，余剌之疢（門）子，盧乍（作）盥（鑄）鸞彝，昌（以）爲父母。其遷（徙）于下都，曰：烏（嗚）虖（呼）哀哉，剌（烈）弔（叔）剌（烈）夫人，萬世用之。

【集釋】

余鄭臧公之孫

【黃錫全、李祖才 1991】（P855～856）：「鄭臧公」爲鄭國之君是沒有疑問的。僅據銘文，我們認爲這裡的「鄭臧公」即鄭莊公，因爲有很多證據可以說明臧、莊可通。鄭莊公在位時間爲公元前 743 至前 700 年，屬春秋早期，其孫輩當在春秋早期晚段或中期前段。這組器物如以考古類型學分析，只能斷在春秋晚期，不能早到春秋早期晚段或中期前段。我們才考慮到這位「鄭臧公」必定是春秋中晚期鄭國的某公。根據《史記·鄭世家》，銘文中的鄭臧公，除鄭莊公外，最有可能的就是鄭襄公

【吳鎮烽 2006】（P325）：鄭臧公，即鄭莊公，春秋早期人，鄭國國君，名寤生，公元前 743 年即位，在位四十三年。

【李學勤 2008】（P167）：「鄭戒公」即春秋早期的鄭莊公，器主是他的裔孫。「剌」即下文的「剌弔（叔）」，讀爲謚法之「厲」，是器主的父親。

【今按】：銘文中的「鄭戒公」當爲鄭莊公，而非鄭襄公，此從李學勤先生之說，「余鄭莊公之孫」是指器主是鄭莊公的裔孫，而非鄭莊公的孫輩。如前面所列的良夫盤、封子楚簠銘文中有「鄭武公之孫」，這兩件青銅器器主或爲鄭國的良氏和豐氏，而良氏和豐氏均出自鄭穆公，且兩件青銅器年代均爲春秋晚期，所以銘文中的「孫」必不是指的孫輩，而是指裔孫。同理，鄭莊公之孫盧鼎的器主也當爲鄭莊公的裔孫。

余剌之疢子，盧作鑄鼎彝

【黃錫全、李祖才 1991】（P856）：金文剌字多假爲烈、列。此爲人名，乃鄭襄公之子。「疢」字從疒從文，金文首見，字書未見。此字從疒，文聲，在此應讀爲「文」。《周書·立政》：「繼自今，文子文孫。」……鼎銘之「疢子」，當與上舉之「文子」義同，即「守文之子」或善子、賢子，亦與沇兒鐘之「愳（淑）子」義近。「盧」爲作器者，是剌之「子」。「盧」讀作吾，屬下讀，意也可通。不過，我們更傾向於前者。

【胡長春 2008】（P275～276）：筆者認爲「疢子」在此讀爲「門子」。「疢」，從疒從文，「疒」爲裝飾部件。從音韻上來看，「文」和「門」雙聲疊韻，例可通假。典籍中「文」與「閔」通假習見。……再從文義上來看，既然把「盧」理解爲養子或義子，再將「疢子」讀爲「守文之子」或「善子，賢子」，似隔一間。若讀爲「門子」，則前後貫通，文意條暢。「門子」一詞，典籍見載，是指周及春秋時期卿大夫的嫡子。……「盧」雖爲養子或義子，但代父（剌）當門，雖非親生，但其身份爲嫡子，故其在銘文中強調其爲「門子」。

【李學勤 2008】（P167）：「盧」讀爲「吾」，第一人稱代詞，與「余」交錯使用，和欒書缶一樣。鼎銘不記器主之名，缶銘也是如此。「盧作鑄鼎彝，以爲父母」，是倒裝句，意即吾爲父母作鑄鼎彝。

【鄔可晶 2010】：試爲銘文重新標點，不難發現，其實鼎銘是隔句押韻的：「隹正六月，吉日隹己【之部】，余鄭臧公之孫，余剌之疢子【之部】，盧作鑄鼎彝，以爲父母【之部】。其遟于下都曰：「烏呼哀哉【之部】！剌弔剌夫人，萬世用之【之部】。」「己」「子」「母」「哉」「之」均爲之部字，正在韻腳。「盧」若屬上句讀，則須出現在韻腳的位置上。但「盧」是魚部字，

顯然不能與其他之部字押韻。這一點也能說明「盧」屬下讀爲「虞」、訓爲「擇」是很合理的。

【謝雨田 2016】：從鄭莊公之孫鼎、缶銘文來看，剌是莊公之後，從封子楚簠銘文來看，鄭武公亦有後人稱「剌」者，而鄭武公是鄭莊公之父，又結合鄭莊公之孫鼎、缶與封子楚簠時代相當，皆是春秋晚期器，器主皆仕於楚來看，我們認爲鄭莊公之孫鼎、缶中的「剌」與封子楚簠的「剌」應該就是同一個人。據此可推測鄭莊公之孫鼎、缶的器主很可能就是封子楚或其兄弟輩。

【今按】：銘文中「疢子」，胡長春之說較爲合理，讀爲「門子」，指周及春秋時期卿大夫之嫡子。鄔可晶將「盧」屬下讀，從音韻學的角度分析，是非常合理的，「盧」或爲器主之名，或同「虍」，讀作「吾」，前者較爲合理。然將「盧」讀作「虞」，訓爲「擇」之說是否成立，尚有待考證。

其遷（徙）于下都

【黃錫全、李祖才 1991】（P857）：遷，此字的釋讀有三種可能：一是視「𧗲」爲水省，則此字應該釋爲尿或溺；二是視「𧗲」爲屎點，則此字應釋爲徙；三是視「𧗲」爲小，同少，則此字應釋爲沙。根據兩鼎腹、蓋諸處銘文的比較，我們認爲後一種的可能性大。……此字在此借爲「獻」。古沙、獻音近相通。缶銘此字上從虍，下部不清，疑爲虞，即獻字。「下都」也有兩種可能：一是下對上而言，表示方位……「下都」就是對「上都」而言。下都可能就是今河南新鄭之「鄭韓故城」相對於今之陝西華縣「鄭縣故城」而言的。二是將「下都」理解爲洛陽的「下都」。「其沙于下都」，就是將禮器獻祭于「下都」的「剌叔、剌夫人」。

【李學勤 2008】（P167）：「其遷于下都」，「其」也是代詞，指器主父母而言。「遷」即「徙」字，「下都」謂地下之都，這是說器主父母逝世遷居地下，與燕下都之類人間都邑無關。

【馮峰 2014】（P73）：鄭莊公之孫鼎和尊缶是作器者爲其父母剌叔、剌夫人專門製作的葬器，它們要「遷（徙）于下都」，以供剌叔、剌夫人在冥間使用。

【侯乃峰 2017】：由鼎銘與缶銘文辭之高度相似以及論者所舉的古文獻中沙、獻音近可通之例來看，似當以讀爲「獻」之說更爲允洽。

刺叔刺夫人

【黃錫全、李祖才 1991】（P857）：根據本銘，前面所說的「父母」應該就是指刺叔、刺夫人。「盧」非「刺」之親生子，可能是養子或義子，而最有可能的則是刺之兄長之子，即刺之兄長早逝，其子由刺之夫婦撫養成人，盧稱其養父養母爲「叔、夫人」就不奇怪了。史書中未見襄公之子名「刺」者，以音求之，刺當是綸。綸爲襄公之子，悼公之弟。

【吳鎮烽 2006】（P224～225）：刺叔，即刺疢。刺夫人，盧的母親，刺叔的夫人，春秋晚期人。

【李學勤 2008】（P167）：曰：「於虖（嗚呼）哀哉，刺（屬）弔（叔）刺（屬）夫人」，乃器主哀悼父母之辭，與《禮記・檀弓上》所記魯哀公誄孔子「嗚呼哀哉，尼父」句似。當時婦人多與其夫同諡。

【黃錦前 2016】：盧鼎、缶的時代亦爲春秋晚期後段，其銘文的「刺」，與封子楚簠銘的「刺」應係一人，應無問題。然則封子楚與鄭莊公之孫鼎、缶的器主盧應係兄弟行。

【馮峰 2014】（P74）：墓主刺叔雖是鄭公室之後裔（屬鄭之「莊族」），但此時已是生活在楚鄧邑或鄰近城邑的楚人，並擁有一定的社會地位，至於刺叔一族何時流落到楚，現在已無從探究。

42. 鄭莊公之孫缶（2件）

（1）

（2）

【年代】春秋晚期
【出土地點】1988 年 8 月湖北襄樊市襄陽余崗村團山春秋墓
【收藏者】襄樊市博物館
【著錄】《新收》1238、1239；《銘圖》14095、14096

【釋文】

余奠（鄭）臧（莊）公之孫，余剌之子，羃（擇）盥（鑄）鼏彝，其正仲月（？）己亥（？），升剌之𨤲（尊）器，爲之若（沐）缶。其獻下都，曰：烏（嗚）虖（呼）哀哉，剌□□□永□用昌（享）。

【集釋】

其獻下都

　　【李學勤 2008】（P167）：「其獻下都」的「其」，看上文是指所鑄之缶，器主用來祭獻父母，傳於後代，故云「永〔世〕用享」。

43. 王子嬰次爐

【年代】春秋晚期

【出土地點】1923 年河南新鄭縣李家樓

【收藏者】中國國家博物館

【著錄】《集成》10386；《銘文選》642；《銘圖》19261

【釋文】

王子嬰次之庋（炒）盧（爐）。

【集釋】

王子嬰次

【關伯益 1929】：爐銘釋作「王子𧸙次之庶盤」，王子𧸙係周莊王少子王姚之子。

【王國維】（P899～900）：余謂嬰次即嬰齊，乃楚令尹子重之遺器也。……古人以嬰齊名者，不止一人。獨楚令尹子重爲莊王弟，故《春秋》書公子嬰齊。自楚人言之，則爲王子嬰齊矣。子重之器何以出於新鄭，蓋鄢陵之役，楚師宵遁，故遺是器於鄭地。此器品質制作與同時所出他器不類，亦其一證。

【郭沫若 04】（P95～98）：知王子爐本爲燎爐，則王氏「子重嬰齊」之說可不攻自破。蓋鄢陵之役在魯成公十六年六月二十九日，時當盛暑，令尹不得攜燎爐以從征也。故此「王子嬰次」必非楚令尹子重嬰齊……「王子嬰次」當即鄭子嬰齊，鄭子嬰，公子嬰，子儀。子儀當是嬰次之字，猶楚公子嬰齊字子重，鄭罕嬰齊字子齹。鄭子嬰，公子嬰，當有奪字，不則由史遷之誤會也。蓋古人有以一字一名連稱之例，字前名後。如各爲一單字，則二單字相接，簡如二字之復名。……恐史遷亦誤以嬰次或嬰齊爲一字一名，故略稱之曰嬰。嬰齊本公子而嬰次稱「王子」似有可疑，然此僅於古者諸侯於國內可稱王之說，多添一新例耳。諸侯於國內可稱王，其公子亦自可稱王子。其在鄭國古來雖無稱王之說，然觀春秋初年「周鄭交質」，「周鄭交惡」，二者儼然敵國。且周鄭竟至交綏，鄭將祝聃且曾「射王中肩」；則公子嬰齊之稱「王子」，即單以「僭妄」目之能解釋矣。要之「王子」二字不足爲鄭子嬰齊之反證，適足以補史之闕文耳。

【楊樹達】（P277）：王靜安定爲楚令尹子重之遺器，其說是也。惟謂器處於鄭者，乃春秋成公十六年鄢陵之役，子重將左軍戰敗宵遁，故遺是器於鄭，其說殊失之泥。……彝器古人所重，上以之賜下，下以之獻上，與國以

之爲酬酢，甲國之制不必恒在甲國，故也，亦不必制器者曾至乙國之人始能得其器也。蓋其變易遷流，不可紀極，據出土之地以定器之何屬，可以論其變。如器出一地，必求一事以實之，斯不免於鑿矣。

【馬世之 1984】（P77～78）：《王子嬰次爐》係楚之彝器，故宮博物院藏有《王子嬰次鐘》，與此爐當爲同一人所作。……《王子嬰次爐》應爲春秋中期的楚器。

【馬承源 1988】（P422）：王子晏（嬰）次，人名。可能是楚莊王之弟嬰齊，即子重。……嬰齊活動期應在楚莊王晚期至共王，器亦當作於此時。

【孔令遠 2002】（P33）：春秋時期徐國稱王，不但在文獻上有證據，金文中也是屢見不鮮。綜上所述，我們可判斷王子嬰次爐爲春秋晚期徐國器物，鑄造時間約當義楚爲王時期，即公元前六世紀中葉，這個時間與王國維先生所論接近。徐國器物埋於別國墓中在春秋時期已見多例，如庚兒鼎出自侯馬上馬村晉國墓地等。這件王子嬰次爐可能是由於盟會、征伐、賄賂等原因而流落至鄭國，由於史料所限，關於王子嬰次的詳細情況及該爐是怎樣流落至鄭國的等問題，只好暫付闕如，以待來者。

【鄒芙都 2005】（P105）：筆者認爲該器仍應如王國維先生所論，定作楚器爲宜，嬰次是爲楚穆王子、莊王弟子重，又稱公子嬰齊，器作於公元前598～570 年之間。首先從「王子某」稱謂來看，習見於楚器，據初步統計，共有十餘例，如王子午、王子申、王子啓強，郪陵君王子申等等，稱「王子某」是楚王公貴族體現其身世的一種習語；從字體上看，雖與王子午鼎等美術字體有別，但與大約同時的王子吳鼎、王子午戟銘文風格是一致的；再從文字構形來看，楚文字中的「次」字，其所從的「𠄏」多移於「欠」字下，……此爲楚文字獨有的地域特徵。

【今按】：《左傳》中有「王子伯廖」與「王子伯駢」，均爲鄭國之卿大夫。而清華簡《良臣》與《子產》篇中有「王子伯願」「王子百」，清華簡整理者言「鄭有王子氏」。《左傳》書「王子伯廖」「王子伯駢」者，僅有兩種可能，一是王子伯廖、王子伯駢擁有王子的身份，可能是周王子，也有可能是楚、吳、越等南方諸侯國的王子，至鄭國爲大夫，二是誠如清華簡整理者所說，鄭國有王子氏。筆者認爲後者可能性更大，王子嬰次爐出土於新鄭，正是春秋時期鄭國之所在。且據先前學者考證，王子嬰次爐、王子嬰次鐘之年代概爲春秋中晚期，與傳世文獻及出土文獻中鄭國的「王子某」出現的時

間段相符合。且周王子流落鄭國且爲鄭之大夫，此說恐難說通。所以，王子嬰次爐當爲鄭器，若清華簡整理者所說不誤，則王子嬰次爐、王子嬰次鐘或爲鄭國王子氏之器。《左傳》、清華簡及此器銘文中之「王子」並非周王之子，而是鄭國之王子氏。（詳見後文研究部分）

44. 王子嬰次鐘

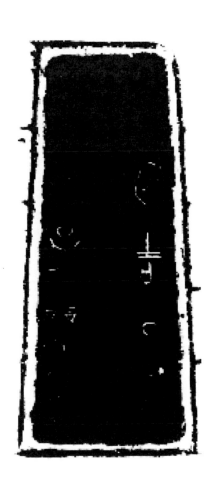

【年代】春秋晚期
【收藏者】原藏頤和園，現藏故宮博物院
【著錄】《集成》00052；《銘圖》15188
【釋文】

八月初吉，日隹（唯）辰。王子嬰次自乍（作）龢鐘，永用匽（宴）喜。

45. 哀成叔鼎

【年代】戰國早期
【出土地點】1966 年 5 月河南洛陽市玻璃廠 439 號西周墓
【收藏者】洛陽博物館
【著錄】《集成》02782；《銘文選》778；《銘圖》02435

【釋文】

　　正月庚午，嘉曰：余顤（鄭）邦之產，少去母父，乍（作）鑄（鑄）飤器黃鑊，君既安軎（惠），亦弗其濫夒（獲），嘉是佳（唯）哀成弔（叔），哀成弔（叔）之鼎，永用龏（禋）祀，死（尸）于下土，台（以）事康公，勿或能刋（已）。

【集釋】

　　【張政烺 1981】（P28）：《說文》：「嘉，美也。」在此是美稱之詞。嘉與夏、猳音義相近。此銘對所嘉美之人稱嘉，猶《子夜歌》對所歡愛之人稱歡。

下文「嘉是唯哀成叔」，知嘉不是人名。

【蔡運章 1985】（P56）：「嘉」是作器者的名字，當是鄭公子嘉。

【馬承源 1988】（P500）：嘉，器主。下文稱「嘉，是唯哀成叔」，知係一名一字。

【李學勤 1990】（P237）：鼎銘「嘉」係作器者名；「哀成叔」是諡，可能即本墓墓主，兩者並非一人。「康公」也是諡，如張政烺先生所論，當爲周朝卿大夫。推測嘉是鄭國女子，哀成叔爲其夫，與其君康公同死。

【李義海 2003】（P61）：從「嘉曰」的內容來看，全是褒揚之詞，張先生引《說文》訓「嘉」爲「美」本不誤，只是在這裡它是一個動詞，意思是稱揚或讚頌。《正字通・口部》：「嘉，褒也。」《尚書・大禹謨》：「嘉乃丕績。」因此，「嘉曰」就是：讚揚說。

【吳鎮烽 2006】（P352）：嘉，即哀成叔，戰國中期人，鄭國最後一位君主康公之子，少年時因韓哀侯滅鄭（前 375 年）便離開了父母之邦，寓居周都王城。

【馬超 2014】（P29）：「嘉」在銘文中當是「讚美」的意思，不能理解爲人名。尤其後一「嘉」字若理解爲人名，則「是」字就只能理解爲「系詞」。而先秦漢語中判斷句一般是不用系詞的。

余顨邦之產

【張政烺 1981】（P29）：顨，從章，奠聲。章即郭字異體。顨即鄭之異文。此稱鄭邦之產，或是姬姓子孫。

【趙振華 1981】（P68）：產，與侯馬盟書產字同。《史記・李斯列傳》：「昔繆公求士，西取由余於戎，東得百里奚於宛，迎蹇叔於宋，來丕豹、公孫支於晉。此五子者，不產於秦，而繆公用之。」〔註4〕「士不產於秦而願忠者眾。」銘文產字與此用法一致。

【蔡運章 1985】（P57）：「產」《金文編》所無，其從产從生，當是產字。「產」謂生長的意思。

【馬承源 1988】（P500）：余顨（鄭）邦之產，我出生在鄭國。產，出生。

【馬超 2014】（P29）：產在此無論是生長還是出生意，均是用來說明其爲鄭國人的。下文「少去母父」與此意義銜接。

〔註4〕此句中之「余」，原文誤寫作「於」，今據《史記・李斯列傳》改之。

少去母父

【張政烺 1981】（P29）：母父當作父母，蓋因叶韻故爲顛倒。去父母言離開故國。

【趙振華 1981】（P68）：母父即父母，指家鄉、故國。

【彭裕商 1983】（P36）：母父即「父母之邦」之省文，即現在所謂「祖國」。

【蔡運章 1985】（P57）：故釋者多據此將「去父母」解爲「離開故國」之義。但是，從下句銘文看，「嘉」在「去母父」時，曾「作鑄飤器黃鐼」，就難以解釋。《後漢書·梁鴻傳》：「鴻乃等訪燒者，問所去失」李賢注：「去，亡也。」《公羊傳·桓公十五年》何休注：「亡，死亡也。」因此，我們認爲從上下文意看，將此句解爲年少時死去了父母較爲順當。

【馬承源 1988】（P500）：母父，母父國省，指故鄉故國。《孟子·萬章下》云孔子「去魯，曰：『遲遲吾行也，去父母國之道也』」。

【李義海 2003】（P62）：拙見以爲，《哀成叔鼎》銘中的「去」，就是「失去」。「少去母父」，就是說很小的時候父母便去世了，這與《戰國策·趙策》：「會先王棄群臣，寡人新即位」如出一轍。

【馬超 2014】（P29～30）：「母父」在此當理解爲「國家」。《論語·微子》：「枉道而事人，何必去父母之邦。」與銘文用法正同。「作鑄飤器黃鐼」不能理解爲器主離開國家時爲父母作器。而是現在爲祭祀父母作器。

君既安䣔

【張政烺 1981】（P30）：君是嘉所事之君，即下文之康公。「䣔」字銘文常見，阮元曰：「䣔，《說文》云：『專，小謹也。』或曰『䣔』，古『專』省，通搏。搏義爲聚，訓見《管子注》。」

【趙振華 1981】（P68）：將銘文斷作「君既安，䣔亦弗其盪雙」。安，此爲安息意。䣔，與惠同，讀爲唯，語辭。

【蔡運章 1985】（P57）：「安惠」當爲終止了仁惠的一生。

【馬承源 1988】（P500）：據下文，君當指鄭康公。……鄭康公係鄭國末代君主，是時政局動蕩，哀成叔替康公鼓吹，正是爲了維持社稷。安䣔，即「安民則惠」之簡。《尚書·皋陶謨》：「安民則惠，黎之懷之。」孔安國《傳》：「惠，愛也。愛則民歸之。」

【劉宗漢 1992】（P247）：「安」，此處訓爲「安於……」。「安叀」即「安於小謹」「安於無宏量」「安於不能大立」。其微意當是「安於無所作爲」。

【李義海 2003】（P62～63）：本句中作器者所嘉的「君」，只能是器主哀成叔。本句的「安」，當讀爲「晏」。本句的「安叀」，指哀成叔性情溫和柔順。

【李學勤 2008】（P169）：「君既安叀，亦弗其盉雙嘉」，宜作一氣讀，主詞是上文說到的嘉的父親。其父之「君」，據下面乃是「康公」，所以有學者說他是家臣，是正確的。「叀」讀爲「剬」即古文「斷」字，古稱喪服之除爲斷。

【馬超 2014】（P30）：「安叀」，此處當是表示「君」去世的婉語。

亦弗其盉雙

【張政烺 1981】（P30）：盉，從皿，林聲。林，見仲叔父盤「林梁來麥」，確是「秝」字。「盉雙」是連綿詞，疑讀爲「專濩」，字亦作「布濩」。

【趙振華 1981】（P68）：⬛釋爲「盠」。盠，與盉彝之盉字同，而旁加水形。盉，《博雅》：「瓢也。」瓢爲水器，故字或從水。雙即獲。《廣韻》：「得也。」

【彭裕商 1983】（P36）：此言君既安樂且德愛於下，盉字不識，「盉雙」，其義不詳。此二句大致是記其君既安惠愛，且又無荒無忒之意。

【蔡運章 1985】（P57）：我們從此字的構形看，當以釋「秝」爲是。古文字中在字下增置皿符的現象屢見不鮮。

【馬承源 1988】（P500）：「亦弗其淰（墜）雙（蔓）」，亦勿廢墜度法。淰，從沆得聲，聲假爲墜。廢墜之意。雙，讀爲蔓。指政事之規度。

【李學勤 1990】（P244）：秝，《呂氏春秋・權勳》云：「酒器，受三升曰秝。」即觚，參看朱駿聲：《說文通訓定聲》。此處讀爲「顧」。

【趙平安 1992】（P129～130）：「盉雙」應當就是古書中的「盉臛」。盉臛是一種精美的食物，可以用來吃，也可以用來祭祀。叀通唯，爲語氣詞。這裡的弗通福。福有備、盈、富的意思。「亦」有大的意思。「君既安，叀亦弗其盉雙」是說：君已經安息了，（我）唯有大大地豐富他的盉臛。

【劉宗漢 1992】（P247～248）：「盉雙」，我們認爲即後世的跋扈……不難看出，《哀成叔鼎》的「君……弗其盉雙（跋扈）」，也是哀成叔對君的一種讚

頌，說他不強梁暴橫。這句話從正反兩個方面讚頌了君的美德，說他謹慎而不強暴，「安叀」是從反面立言，「弗其𥂴蒦（跋扈）」是從正面立言。然而細味這句話，不難發現，其中含有這位君主毫無作爲之意。

【李學勤 2008】（P169）：「𥂴」從「黍」聲，古音書母魚部，讀作從母魚部的「助」，而「蒦」通「護」，《廣雅・釋詁二》云「助也」。全句是講嘉的父親於其君安葬服除之後逝世，也不再護助嘉了。

嘉是隹哀成叔

【張政烺 1981】（P30～31）：「是惟」二字構成一個詞，古書中常見，《毛詩》中寫作「實維」……「是惟」就是現在普通話說的「就是」。「哀」不是一個吉利的字眼，在這裡不是人名而是謚號。

【趙振華 1981】（P68～69）：是，《博雅》：「此也。」隹即唯，此用如爲。……據鼎銘，鑄鼎祭祀康公的哀成叔是鄭國人，少年時代便離開了父母之邦。根據墓葬出土地點推測，他可能寓居於周都王城。……哀成叔可能是鄭康公的後裔。

【彭裕商 1983】（P36）：是，古與實通用。

【蔡運章 1985】（P58）：我們認爲將此銘「是惟」讀爲「是以」較爲正確。「哀=成=叔=」，這三個字的右下角各有兩短畫「=」，釋者多認爲是重文符號，故將此句讀爲「嘉寔惟哀成叔，哀成叔之鼎」，實誤。吾友陳初生指出：在古文字資料中，一些文字下常見有這種形狀爲兩短橫（「=」）的符號，它既是重文，又是合書或專名符號。在具體釋讀帶有這種符號的文字時，正確判斷這種符號的性質，頗關重要，往往影響到對古代銘辭的理解。「=」在此處是專名符號，非重文，把「哀=成=叔=」作爲專名處理，讀作「嘉是隹哀成叔之鼎」在文理上更爲順當。

【李義海 2003】（P62）：這裡的「是」，是個代詞，表近指，相當於今天的「這」或「這位」；「惟」，是句中語氣助詞。「嘉是惟哀成叔」，意即：稱讚這位哀成叔。

哀成叔之鼎

【張政烺 1981】（P31）：蓋哀成叔短折，器服不備，其家人奉行遺志，爲之鑄造以殉。

死于下土

【張政烺 1981】（P31～32）：「死」字銅器銘文中常見，除「生死」一義外，皆讀爲「尸」，其義爲主。尸是動詞，其前當有句主，即哀成叔，從習慣省略，金文中多有此例。「下土」對「上天」言，「尸于下土」，按金文慣例理解就是執掌天下，或主宰人間，這和哀成叔的身份極不相稱，何況這時哀成叔已死，早離開了人間啊。因此推測這裡的「下土」是另一個含義，乃指兆域，即地下宮室而言……哀成叔生事康公，死後也還可以主管康公冥府的事，故言尸于下土。其或即殉葬而死，亦未可知。

【趙振華 1981】（P68）：歹，字左從歹，右從丂。歹，《說文》：「腐也」，「歹或從木」，即朽字。

【蔡運章 1985】（P58）：「下土」謂天下之義。這裡當指康公分封的國土或采邑。

【馬承源 1988】（P501）：死，屍省，即尸字，義爲主。死于下土即主祭山川之神，就是指鄭山川之祀。

【李學勤 2008】（P169）：「死于下土」，「死」通「尸」字，意思是主持，金文習見。「下土」和前述團山 M1 器銘的「下都」相同，以後世話說便是冥界。

台事康公

【張政烺 1981】（P32～33）：台，讀爲以。康公或即鄭康公。哀成叔也許就是鄭康公之子。明嘉靖《翼城縣志》卷六《陵墓志》記縣西唐村有鄭太子墓，墓前有唐總章元年盧照鄰撰碑銘，云太子名壽，康公之子，因質於韓哀侯，居之息城，後，歿而葬此。哀成叔之命運與太子壽同，或即一人。

【彭裕商 1983】（P37）：康公即位爲公元前 386 年。此言「以事康公」，則康公當是尚猶未死……今此銘文也生稱康公及哀成叔，此器之作在戰國初年，可見戰國初年仍有生稱某公、某叔的遺俗存在。

【蔡運章 1985】（P59）：「事」，《易·震》：「無喪有事，」虞注：「事，謂祭祀之事。」……「康公」，是謚號，乃「嘉」所事之君，當是周頃王之子劉康公。此句與《左傳·昭公十二年》：「以事天子，」《昭公二十九年》：「以事孔甲」、《周禮·天官·小宰》：「以事鬼神」的辭例相同。當謂以祭祀康公的意思。

【洛陽市志 14】（P333）：此鼎是哀成叔死後，其家人爲他作的一件殉葬器，目的是希望他死後永遠侍奉康公。

【彭裕商 2010】（P201）：至於嘉鼎銘文中提到的康公，應如張政烺先生所說，爲周卿大夫一類人物，至於是否是《左傳》提到的劉康公，則不一定。因爲劉康公死於公元前 559 年以前，應屬春秋中晚偏晚或中晚期之際，而嘉鼎的年代已接近戰國，推測其絕對年代當不會早於公元前 500 年，所以哀成叔可能不是劉康公的臣屬。至於鼎銘中的康公究竟指誰，則不能考定，很可能是不見於經傳的一般周室大夫。

【馬超 2014】（P32）：從前面的銘文可知，說「康公」爲生稱是不可信的。其究竟是劉康公還是鄭康公則待考。我們傾向於鄭康公之說，春秋晚期不是「禮樂征伐自天子出」的時代，諸侯各自爲政，不統於王。作爲鄭國的貴族，不太可能會說死後服侍周王，而不是自己的國君。但是鄭康公爲鄭國末代國君，屬於戰國初年人物，與該鼎的時代有矛盾。

勿或能訇

【張政烺 1981】（P33）：能，疑爲「罷」字之誤。「訇」，讀爲「怠」。或讀爲「已」。已，止也。似不如怠。

【陳長安 1981】（P66）：「訇」讀爲「嗣」。

【趙振華 1981】（P68）：訇，此用爲怠。

【蔡運章 1985】（P59）：「或」，《經傳釋詞》卷三：「或，猶『有』也」。「能」，讀如殆。「訇」，讀如怠。此句謂不敢有所怠慢的意思。

【馬承源 1988】（P501）：勿或能訇（怠），勿或有懈怠。能，承接連詞，與「而」同。訇，爲訇之繁文，字在此讀爲怠，義爲懈怠。

【李學勤 2008】（P169）：「能」訓爲敢。這是嘉祝願其父哀成叔如在世時那樣，主管康公的家政，沒有懈怠。

46. 哀成叔鉌（哀成叔匜）

【年代】戰國早期

【出土地點】1966 年 5 月河南洛陽市玻璃廠春秋墓葬

【收藏者】洛陽博物館

【著錄】《集成》4650；《銘文選》779；《銘圖》19235

【釋文】

　　哀成弔（叔）之鉌。

【集釋】

鉌

　　【劉翔 1986】（P92）：鉌作爲一種挹水的器，又自銘爲「鉌」，我們認爲這與盉有關。……盉多自銘爲「盉」，從皿禾聲。鉌則自銘作「鉌」，從金和聲。按從皿或從金，皆表明器物的質地，因此在古文字中，皿、金是可以互用的。至於從禾與從和，古音相同，本也可以互通。……可以說，春秋時期始見的鉌，實際上是由西周時期的盉發展演變而來的。

　　【李學勤 2008A】（P331～332）：此字係反書，……字也從「金」，另一邊有「木」及在「口」側加一短筆。「口」字加筆，通過戰國古文的研究，可知是「只」字。此字隸定爲「鉥」。這也解決了釋「鉌」時字的聲旁並不從「禾」的困難。「和」字以「禾」爲聲，不能改從「禾」爲從「木」。「枳」字從「只」聲，音與「只」全同，所以從「只」、從「枳」是同樣的。「只」「枳」在古音都是章母支部字，與「卮」字的音完全相同，可相通假。這證明宋人把這種形制的青銅器定名爲「卮」是十分正確的。

　　【今按】：參看此器器形，與卮的形制非常近似，可知李學勤先生之說可從。

47. 哀成叔豆

【年代】戰國早期

【出土地點】1966 年 5 月河南洛陽市玻璃廠春秋墓葬

【收藏者】洛陽博物館

【著錄】《集成》04663；《銘文選》780；《銘圖》06116

【釋文】

哀成弔（叔）之䜓（豆）。

【集釋】

䜓

　　【陳長安 1981】（P66）：釋「䜓」爲「登」。

　　【馬承源 1988】（P501）：䜓，《說文》所無。從皿朕聲。朕爲定紐侵部，與豆字同紐，音近可通。䜓，假爲豆。

　　【今按】：馬承源先生之說可從，此處將「䜓」釋爲「豆」。

48. 與兵壺

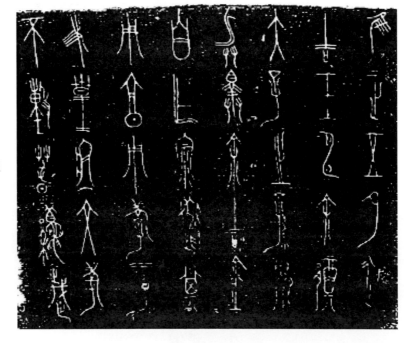

蓋 1

蓋 2

器

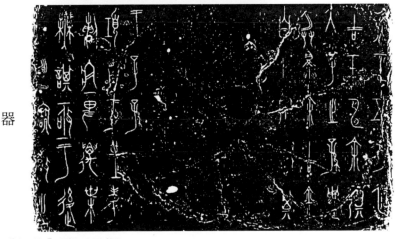

【年代】戰國早期

【收藏者】原藏香港徐氏藝術館

【著錄】《新收》1980；《銘圖》12445

【釋文】

隹（唯）正五月初吉壬申，余鄭大（太）子孫邁（與）兵，羃（擇）余吉金，自乍（作）宗遵（彝），其用亯（享）用孝于我皇俎（祖）文考，不（丕）敳（陳）譱（春）糴（秋）歲棠（嘗）。余嚴敬丝（茲）禋粜（盟），穆穆趑趑（熙熙），至于子子孫孫。參捧（拜）項（稽）首于皇考剌（烈）俎（祖），卑（俾）邁（萬）枼（世）無諆（期），亟于遂（後）民，永寶荌（教）之。

【集釋】

余鄭太子孫與兵

【李學勤 2001】（P2）：「與兵」，器主名，「與」應讀爲「舉」。古人有時以可紀念的事件爲子命名，例如《左傳》桓公二年載：「晉穆侯之夫人姜氏以條之役生大子，命之曰仇。其弟以千畝之戰生，命之曰成師。」器主以「舉兵」爲名，可能有類似的背景。

【王人聰 2002】（P234）：與兵爲器主之名，以標榜其出身的高貴。春秋時期的青銅器，常見有器主自敘其出身，在自己名字之前冠以先世的名號，如某人之子或某人之孫。

不敕

【李學勤 2001】（P2）：「」釋作「敕」。「敕」字器銘下增從「丅」即「示」旁，與下行「棠」字等「示」旁寫法不同，是很特別的。「敕」，《方言》：「備也。」「丕敕」就是大備。

【王人聰 2002】（P237）：不通丕，段玉裁《說文》云：「丕與不音同，故古多用不爲丕，如不顯即丕顯之類。」丕，爲語首助詞，《詩·大雅·文王》「有周不顯」，毛傳：「不顯，顯也。」敕原篆作，即陳字。……壺銘敕字係敶之省。……陳，訓久，《書·盤庚》「失於政，陳於茲」，孔傳：「今既失政，而陳久於此。」丕陳，爲陳久之義。

【魏宜輝 2009】（P152～153）：《上博簡（二）·容成氏》簡 22：「禹乃建鼓於廷，以爲民之有謁告者訊焉。鼓，禹必速出，多不敢以寒辭，夏不敢以暑辭。」「」字，裘錫圭先生認爲此字應分析爲從「土」從「瞉」省，即「塈」字，在簡文中讀爲與之同從「瞉」聲的「擊」。……在了解戰國楚系文字中「瞉」字的寫法之後，不難發現鄭與兵壺銘文中的「」顯然也是「塈」字。……結合聲韻的角度考慮，銘文中的「塈」很可能應讀作「懈」。「塈」和「懈」古音相同，皆爲見紐錫部。在表示「懈怠」這個意思上，「懈」在古代文獻中又作「解」。文獻中亦有「擊」「解」相通的例子。……「不懈春秋歲嘗」一語中，「懈」字後當省略了介詞「于」。「不懈于春秋歲嘗」，意即「對於祭祀不敢有所懈怠。」

【趙平安 2011】（P78）：鄭太子之孫與兵壺中的這個字（），左邊上從「東」下從「土」，右邊從「攴」，應釋為戴。《集韻‧錫韻》：「戴，勤苦用力曰戴。」《洪武正韻》也有類似的解釋。「不」讀為「丕」，「不戴」就是「大戴」，意即十分用力，是就對待祭祀的態度而言的。

參拜項首

【李學勤 2001】（P2）：「參拜」即「三拜」。下行首字左半從「丅」，也是「示」旁。按青銅器銘文「稽首」的「稽」寫作從「旨」，「旨」古音脂部章母，「示」脂部船母，「示」脂部船母，彼此極近，因此這個從「頁」「示」聲的字其實仍是「稽」字。過去宋代著錄齊國叔尸鎛、鐘有「再拜稽首」，「參拜稽首」這是第一次出現。

【王人聰 2002】（P238）：參與三通，參捧即三拜。……壺銘項，原篆作，即䭫，通稽。金文䭫字構形，從旨從頁，由於簡率書寫的緣故或訛作頃，如友簋䭫字作。此壺銘作項，從工從頁，亦是書寫簡率所形成的訛體。稽首係叩頭至地的跪拜禮。

【鄔可晶 2012】（P403）：傳世古書所記「九拜」之禮有「空首」，與「稽首」「頓首」等並列。「項」「空」並從「工」得聲，音近可通。我們認為，與兵壺「參（三）拜項首」的「項首」應該讀為「空首」。

49. 子馬氏鼎

【年代】戰國早期

【出土地點】1942 年春安徽壽縣

【收藏者】原藏梁上椿

【著錄】《集成》01798；《銘圖》01089

【釋文】

　　子馬氏

【備注】吳鎮烽先生釋爲「子首氏」

【集釋】

子馬氏

　　【董珊 2011】：鄭帥「子馬」見於《集成》01798「子馬氏」鼎，是知該鼎屬戰國早期鄭。

附錄：存疑的青銅器銘文

1. 矢王簋蓋

【年代】西周中期後段

【出土地點】1974 年 5 月陝西寶雞縣賈村公社上官村

【收藏者】寶雞青銅器博物館

【著錄】《集成》03871；《銘圖》04823

【釋文】

矢王乍（作）奠（鄭）姜隮（尊）𣪘（簋），子子孫孫其萬年永寶用。

2. 寰鼎

【年代】西周晚期

【著錄】《集成》02819；《銘圖》02482

【釋文】

隹（唯）廿又八年五月既望庚寅，王才（在）周康穆宮，旦，王各（格）大（太）室，即立（位），宰頵右寰，入門立中廷（庭），北鄉（嚮），史䊷受（授）王令（命）書，王乎（呼）史減冊易（錫）寰：幺（玄）衣，䊷屯（純）、赤市（韍）、朱黃（衡）、䜌（鑾）旂（旂）、攸（鋚）勒、戈琱（琱）戟、歇（厚）必（柲）、彤沙（緌），寰拜䭫（稽）首，敢對揚天子不（丕）顯叚（嘏）休令（命），用乍（作）朕皇考奠（鄭）白（伯）姬隮（尊）鼎，寰其萬年子孫永寶用。

3. 裘盤

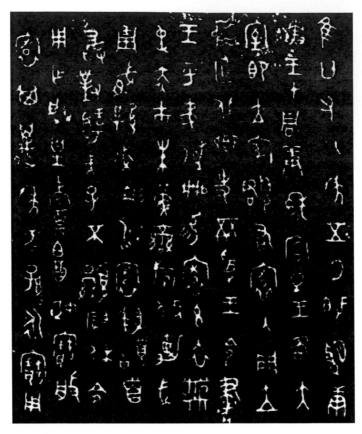

【年代】西周晚期

【收藏者】原藏阮元，現藏故宮博物院

【著錄】《集成》6789；《銘文選》1.425；《銘圖》14537

【釋文】

隹（唯）廿又八年五月既望庚寅，王在周康穆宮，旦，王各（格）大（太）室，即立（位），宰頵右裘，入門立中廷（庭），北卿（嚮），史𠦪受（授）王令（命）書，王乎（呼）史減冊易（錫）裘：幺（玄）衣，𧘝屯（純）、赤市（韍）、朱黃（衡）、絲（巒）旅（旂）、攸（鋚）勒、戈𡥈（瑚）戜、歌（厚）必（柲）、彤沙（綏），裘拜頶（稽）首，敢對揚天子不（丕）顯叚（嘏）休令（命），用乍（作）朕皇考奠（鄭）白（伯）、奠（鄭）姬寶般（盤），裘其萬年子子孫孫永寶用。

4. 孟鄭父簋（3 件）

（1）　　　　　（2）　　　　　（3）

【年代】西周晚期

【收藏者】（1）原藏瀋陽故宮，現藏臺北故宮博物院；（2）故宮博物院；（3）現藏上海博物館

【著錄】《集成》03842、03843、03844；《銘圖》04785、04786、04787

【釋文】

　　孟奠（鄭）父乍（作）尊（尊）啟（簋），其萬年子子孫孫永寶用。

5.京叔盨

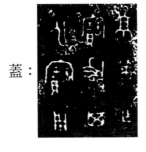

蓋：　　　　　器：

【年代】西周晚期

【出土地點】2002 年陝西周至縣公安局繳獲

【收藏者】陝西歷史博物館

【著錄】《新收》1964；《銘圖》05534

【釋文】

　　京弔（叔）乍（作）寶賴（盨），其用寶用。

6. 京叔盤

【年代】西周中期後段
【出土地點】1933 年春山東滕縣安上村
【收藏者】中國國家博物館
【著錄】《集成》10095；《銘圖》14428

【釋文】

　　京弔（叔）乍（作）孟嬴媵盤，子孫永寶用。

7. 鄭邢伯枣父甗

【年代】西周晚期
【收藏者】某收藏家
【著錄】《銘圖》03333

【釋文】

　　奠（鄭）井（邢）白（伯）枣父乍（作）寶戲（甗），其子子孫孫永寶用。

8. 鄭邢叔鐘（2件）

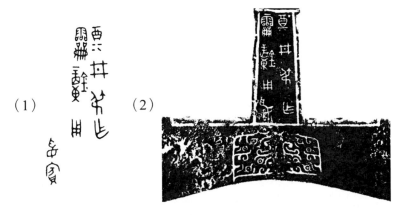

（1）　　（2）

【年代】西周晚期
【著錄】《集成》00021、00022；《銘圖》15138、15139

【釋文】

　　奠（鄭）井（邢）弔（叔）乍（作）霝（靈）龢（龢）鐘，用妥（綏）賓。

9. 鄭邢叔甗

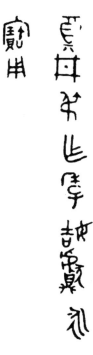

【年代】西周晚期

【著錄】《集成》00926；《銘圖》03320

【釋文】

奠（鄭）井（邢）弔（叔）乍（作）季姞戲（甗），永寶用。

10. 畢壺蓋

【年代】西周晚期

【收藏者】湖南省博物館

【著錄】《集成》09677；《銘圖》12364

【釋文】

　　□弔（叔）乍（作）……奠……畢呂（以）……其吉金……寶壺用賜（錫）羆（眉）壽，子子孫孫其永用之。

11. 鄧子奠伯鬲

【年代】春秋早期
【收藏者】原藏葉恭綽，現藏故宮博物院
【著錄】《集成》00742；《銘圖》03011

【釋文】

鄧子子奠（鄭）白（伯）乍（作）隓（尊）鬲，其釁（眉）壽萬年無疆，子子孫孫永寶用。

【參考文獻簡稱表】

1. 關伯益 1929：《新鄭古器圖錄》〔M〕，北京：中華書局，1929 年。
2. 王國維：《王子嬰次爐跋》，《觀堂集林》〔M〕，北京：中華書局，1959 年 6 月，第 899～901 頁。
3. 郭沫若 04：《新鄭古器之一二考核》，《郭沫若全集‧考古編第 04 卷‧殷周青銅器銘文研究》〔M〕，北京：人民文學出版社，1982 年 10 月，第 91～100 頁。
4. 郭沫若 08：《兩周金文辭大系圖錄考釋》，《郭沫若全集‧考古編第 08 卷‧兩周金文辭大系圖錄考釋》〔M〕，北京：人民文學出版社，1982 年 10 月。
5. 楊樹達：《積微居金文說》〔M〕，上海：上海古籍出版社，2013 年 9 月。
6. 陳槃：《春秋大事表列國爵姓及存滅表撰異》〔M〕，上海：上海古籍出版社，2009 年 11 月。
7. 張政烺 1981：《哀成叔鼎釋文》〔C〕，中山大學古文字研究室《古文字研究》第五輯，北京：中華書局，1981 年 1 月，第 27～34 頁。
8. 陳長安 1981：洛陽博物館《洛陽哀成叔墓清理簡報》〔J〕，《文物》1981 年第 7 期，第 65～67 頁。
9. 趙振華 1981：《哀成叔鼎的銘文與年代》〔J〕，《文物》1981 年第 7 期，第 68～69 頁。
10. 彭裕商 1983：《嘉鼎銘文考釋》〔C〕，考古與文物編輯部《古文字論集》，北京：考古與文物編輯部，1983 年 11 月，第 36～39 頁。
11. 《集成》：中國社會科學院考古研究所《殷周金文集成》〔M〕，北京：中

華書局，1984-1994 年。

12. 馬世之 1984：《也談王子嬰次爐》〔J〕，《江漢考古》1984 年第 1 期，第 76～80 頁。

13. 蔡運章 1985：《哀成叔鼎銘考釋》〔J〕，《中原文物》1985 年第 4 期，第 56～62 頁。

14. 劉翔 1986：《說鉈》〔J〕，《江漢考古》1986 年第 2 期，第 91～92 頁。

15. 馬承源 1988：《商周青銅器銘文選》〔M〕，北京：文物出版社，1988 年 4 月。

16. 李學勤 1990：《考古發現與東周王城》〔C〕，《新出青銅器研究》，北京：文物出版社，1990 年 6 月，第 234～245 頁。

17. 黃錫全、李祖才 1991：《鄭臧公之孫鼎銘文考釋》〔J〕，《考古》1991 年第 9 期，第 855～858 頁。

18. 趙平安 1992：《哀成叔鼎「蠽雙」解》〔J〕，《中山大學學報（社會科學版）》1992 年第 3 期，第 129～130 頁。

19. 劉宗漢 1992：《〈哀成叔鼎〉「君既安車，亦弗其蠽雙」解》〔C〕，洛陽市考古工作隊編，葉萬松主編《洛陽考古四十年──1992 年洛陽考古學術研討會論文集》，北京：科學出版社，1996 年 3 月，第 247～248 頁。

20. 洛陽市志 14：洛陽市地方史志編纂委員會編《洛陽市志·第 14 卷》〔M〕，鄭州：中州古籍出版社，1995 年 4 月。

21. 趙艷霞 1996：《中國早期姓氏制度研究》〔M〕，天津：天津古籍出版社，1996 年 8 月。

22. 李學勤 2001：《春秋鄭器與兵方壺論釋》〔J〕，《松遼學刊（人文社會科學版）》2001 年第 5 期，第 1～3 頁。

23. 孔令遠 2002：《王子嬰次爐的復原及其國別問題》〔J〕，《考古與文物》2002 年第 4 期，第 30～33 頁。

24. 王人聰 2002：《鄭大子之孫與兵壺考釋》〔C〕，中國古文字學會、中山大學古文字研究室《古文字研究》第二十四輯，北京：中華書局，2002 年 7 月，第 233～239 頁。

25. 李義海 2003：《哀成叔鼎銘文續考》〔J〕，《漳州師範學院學報（哲學社會科學版）》2003 年第 4 期，第 61～63 頁。

26. 陳佩芬 2004：《夏商周青銅器研究·西周篇（下冊）》〔M〕，上海：上海古籍出版社，2004 年 12 月。

27. 李米佳 2004：《故宮藏鄭義伯甗及相關問題》〔J〕，《文物》2004 年第 7 期，第 71～75 頁。

28. 鄒芙都 2005：《有銘楚器訂補九則》〔J〕，《西南師範大學學報（人文社會科學版）》2005 年第 2 期，第 105～108 頁。

29. 《新收》：鐘柏生、陳昭容、黃銘崇、袁國華《新收殷周青銅器銘文暨器影彙編》〔M〕，臺北：藝文印書館，2006 年 1 月。

30. 吳鎮烽 2006：《金文人名彙編（修訂本）》〔M〕，北京：中華書局，2006 年 8 月。

31. 李峰 2006：《西周金文中的鄭地和鄭國東遷》〔J〕，《文物》2006 年第 9 期，第 70～78 頁。

32. 韓巍 2007：《西周金文世族研究》〔D〕，北京：北京大學，2007 年博士學位論文。

33. 張莉 2007：《登封告成春秋鄭國貴族墓研究》〔J〕，《中國歷史文物》2007 年第 5 期，第 74～80 頁。

34. 胡長春 2008：《金文考釋二則》〔C〕，張光裕、黃德寬《古文字學論稿》，合肥：安徽大學出版社，2008 年 4 月，第 275～277 頁。

35. 陳劍 2008：《「邊」字補釋》〔C〕，中國古文字研究會吉林大學古文字研究室《古文字研究》第二十七輯，北京：中華書局，2008 年 9 月，第 128～134 頁。

36. 李學勤 2008：《鄭人金文兩種對讀》〔J〕，《中華國學研究》創刊號，2008 年 10 月；後輯入李學勤《通向文明之路》，北京：商務印書館，2010 年 4 月，第 166～170 頁。

37. 李學勤 2008A：《釋東周器名卮及有關文字》〔C〕，《文物中的古文明》，北京：商務印書館，2008 年 10 月，第 330～333 頁。

38. 張應橋、蔡運章 2009：《奠登伯盨跋》〔J〕，《文物》2009 年第 1 期，第 45～47 頁。

39. 魏宜輝 2009：《利用戰國竹簡文字釋讀春秋金文一例》〔J〕，《史林》2009 年第 4 期，第 151～153 頁。

40. 彭裕商 2010：《再論嘉鼎年代》〔C〕，四川大學歷史文化學院編《紀念徐中舒先生誕辰 110 週年學術討論會論文集》，成都：巴蜀書社，2010 年 12 月，第 199～201 頁。

41. 鄔可晶 2010：《談鄭臧公之孫鼎銘中的「虞」》〔EB/OL〕，復旦大學出土文獻與古文字研究中心網，2010 年 4 月 29 日，http://www.gwz.fudan.edu.cn/Web/Show/1136#_edn6，又載朱萬曙《古籍研究（2009 卷・上下・總第 55-56 期）》，2010 年 3 月，第 11～15 頁。

42. 趙平安 2011：《鄭太子之孫與兵壺「不穀」解》〔C〕，北京語言大學漢字研究所，北京語言大學對外漢語研究中心《漢字教學與研究》，北京：北京語言大學出版社，2011 年 12 月，第 75～78 頁。

43. 董珊 2011：《讀清華簡〈繫年〉》〔EB/OL〕，復旦大學出土文獻與古文字研究中心網，2011 年 12 月 26 日，http://www.gwz.fudan.edu.cn/Web/

Show/1752，又載《簡帛文獻考釋論叢》，上海：上海古籍出版社，2014年3月，第102～110頁。

44. 《銘圖》：吳鎮烽《商周青銅器銘文暨圖像集成》〔M〕，上海：上海古籍出版社，2012年9月。

45. 鄔可晶 2012：《鄭太子之孫與兵壺「項首」別解》〔C〕，中國古文字研究會、復旦大學出土文獻與古文字研究中心《古文字研究》第二十九輯，北京：中華書局，2012年10月，第402～408頁。

46. 馬超 2014：《春秋時期淮上方國金文研究》〔D〕，合肥：安徽大學，2014年碩士學位論文。

47. 馮峰 2014：《鄭莊公之孫器新析——兼談襄陽團山 M1 的墓主》〔J〕，《江漢考古》2014年第3期，第72～75頁。

48. 劉麗 2015：《出土傳世文獻所見鄭國婚姻關係探討》〔C〕，《出土文獻》第六輯，上海：中西書局，2015年4月，第31～51頁。

49. 《集粹》：中國國家博物館、中國書法家協會《中國國家博物館典藏甲骨文金文集粹》〔M〕，合肥：安徽美術出版社，2015年6月。

50. 謝明文 2015：《鄭義伯𤭈銘文補釋》〔J〕，《古代史與文物研究》2015年第7期，第64～70頁。

51. 謝雨田 2016：《封子楚簠小考》〔EB/OL〕，復旦大學出土文獻與古文字研究中心網，2016年1月13日，http://www.gwz.fudan.edu.cn/Web/Show/2724。

52. 黃錦前 2016：《鄭人金文兩種讀釋》〔EB/OL〕，復旦大學出土文獻與古文字研究中心網，2016年1月14日，http://www.gwz.fudan.edu.cn/SrcShow.asp?Src_ID=2725。

53. 張崇禮 2016：《封子楚簠銘文補釋》〔EB/OL〕，復旦大學出土文獻與古文字研究中心網，2016年1月15日，http://www.gwz.fudan.edu.cn/Web/Show/2728#_edn1。

54. 侯乃峰 2017：《讀金脞錄》〔C〕，鄔芙都主編《商周青銅器與先秦史研究論叢》，北京：科學出版社，2017年6月。

55. 程浩 2017：《封子楚簠與〈繫年〉中的「子封子」》〔C〕，華東師範大學歷史學系《第二屆出土文獻與先秦史研究工作坊論文集》，2017年11月18日，第54～57頁。

三、出土文獻所見鄭國史料相關研究

（一）清華簡《鄭文公問太伯》篇所見地名分析兼談鄭國早期史事

　　春秋時期的鄭國居於「天下之中」的中原地帶，具有得天獨厚的地理位置，楊伯峻先生曾言「欲霸中原，必先得鄭」。〔註1〕正因為鄭國擁有非常優越的地理位置，因此鄭國的商業在春秋列國中是最發達的，鄭國也因此成為秦、晉、楚這些大國爭奪的重要目標。提到鄭國的疆域，人們都會想到是在如今的河南新鄭一帶。但是鄭國的疆域具體是怎樣的，恐怕還是一個相當模糊的概念。關於鄭國的疆域，在傳世文獻和前人的研究成果中，我們或多或少能從中了解到一些。

　　首先，《國語‧鄭語》中便記載了鄭國東遷的相關史實，是後人研究鄭國疆域的重要參考材料。本篇記載西周末年周幽王失德，桓公懼及於禍而問於史伯，史伯建議可以周難之故，寄孥與賄東遷至虢、鄶之地，並伺機奪取二邑。從史伯的話中，能大致了解到鄭國東遷之後的版圖。據史伯所言：「其濟、洛、河、穎之閒乎！是其子男之國，虢、鄶為大，……若克二邑，鄔、蔽、補、丹、依、疇、歷、華，君之土也。若前穎後河，右洛左濟，主芣、騩而食溱、洧，修典刑以守之，是可以少固。」鄭國疆土大致在濟、洛、河、穎四水之間，虢、鄶、鄔、蔽、補、丹、依、疇、歷、華皆為鄭邑。鄭桓公聽取了史伯的建議，「東寄帑與賄，虢、鄶受之，十邑皆有寄地」，「寄地」，

〔註1〕楊伯峻《春秋左傳注》，北京：中華書局，2009年10月，第988頁。

賈逵注云：「猶寄止也」。韋昭注：「後桓公之子武公竟取十邑之地而居之，今河南新鄭是也。」〔註2〕如《史記·鄭世家》所載，春秋時期的鄭國大概位於「雒之東土，河濟之南」。

古本《竹書記年》載：「晉文侯二年，周宣王子多父伐鄶，克之，乃居鄭父之丘，名之曰鄭，是曰桓公。」後人對此記載有很大爭議，鄶滅於鄭桓公還是鄭武公也是學界一個頗具爭議的問題。

清人顧棟高《春秋大事表》卷四《春秋列國疆域表》中對鄭國疆域有以下概述：「鄭桓公、武公當幽、平之世，以詐取虢、檜之地。其地當中國要害，四面皆強國，故雖以鄭莊之奸雄，無能為狡焉。啟疆之計，終春秋二百四十年，僅再滅許肆其吞噬而已。而虎牢入晉，犨、櫟、郟入楚，鄭之封疆亦蝕于晉、楚焉。其地有開封府之祥符、蘭陽、中牟、陽武、鄢陵、洧川、尉氏、鄭州、河陰、汜水、滎陽、滎澤，凡一州十一縣。亦兼涉杞縣，與楚接界。陳留與陳接界。封丘與衛接界。許州府為所奪許國之地。禹州為櫟都。汝州之魯山、郟縣本楚以餌鄭，旋復為楚奪。又闌入衛輝府之延津縣，河南府之登封縣、鞏縣、偃師縣，陳州府之扶溝縣，懷慶府之武陟縣，歸德府之睢州，其地俱在今河南一省。其闌入直隸大名府之長垣縣者，為祭仲邑。東明縣有武父地，僅彈丸黑子而已。」〔註3〕

童書業《春秋史》中對鄭國的疆域進行了以下概述：「鄭國初在西方，後東遷都新鄭（今縣附近），其疆域約有今河南北半省之中部。大致：東有汴梁，南包許昌，西距虎牢，北越黃河。縱橫約一二百里之間。」〔註4〕

清華簡（陸）《鄭文公問太伯》篇所載太伯對鄭文公的諫言中包括其對鄭桓公、鄭武公和鄭莊公三代國君「武徹莊功」的追述，此段記載也使人們對鄭國東遷後開闢疆土和走向強盛的過程有了更深入的了解。本段材料對春秋早期鄭國疆域的研究具有非常重要的借鑒意義。

下文將對《鄭文公問太伯》篇中所載桓公、武公、莊公三代相關史事分別進行分析，並對簡文中所涉及的地名加以辨析，在此基礎上對春秋早期鄭國疆域進行相關研究。

〔註2〕 徐元誥《國語集解》，北京：中華書局，2016年9月，第476～477頁。
〔註3〕 （清）顧棟高《春秋大事表》，北京：中華書局，1993年6月，第535～536頁。
〔註4〕 童書業《春秋史》，上海：上海古籍出版社，2003年4月，第128頁。

1、鄭桓公世

《鄭文公問太伯》有甲、乙兩個文本，現將甲乙兩個文本中鄭桓公世的相關記載輯錄於下：

甲本：昔虘（吾）先君逗（桓）公遆（後）出自周，以車七篝（乘），徒卅=（三十）人，故（鼓）亓（其）腹心，畬（奮）亓（其）胴（股）拡（肱），以頡（協）於攼（庸）瓜（偶），籔（攝）墫（胄）轉（擐）虩（甲），允（攓）戈盾以媒（造）勛。戠（戰）於魚羅，虘（吾）〔乃〕腠（獲）鄅（函）、邨（訾）輆車，閽（襲）猋（虢）克鄌，宔=（廟食）女（汝）容袥（社）之尻（處），亦虘（吾）先君之力也。

乙本：……自周，以車七篝（乘），徒卅=（三十）人，故（鼓）亓（其）腹心，畬（奮）亓（其）胴（股）拡（肱），以猷（協）於攼（庸）瓜（偶），籔（攝）墫（胄）轉（擐）虩（甲），允（攓）戈盾以媒（造）勛。戠（戰）於魚羅，虘（吾）乃腠（獲）鄅（函）、邨（訾）輆車，閽（襲）猋（虢）克鄌，宔=（廟食）女（汝）容袥（社）之尻（處），亦虘（吾）先君之力也。

簡文「戰於魚羅，虘（吾）乃腠（獲）鄅（函）、邨（訾）輆（覆）車，閽（襲）猋克鄌，宔=（廟食）女（汝）容袥（社）之尻（處），亦虘（吾）先君之力也」一句的斷讀從王寧之說，[註5] 簡文「輆車」之「輆」，《說文》：「車軸縛也。」段玉裁注云：「謂以革若絲之類纏束於軸以固軸也。」輆車為加固、維修戰車之意，「輆車」二字當與「吾乃獲鄅、邨」連讀，此表述方式與下文「縈軶蒿、邘之國」相似。[註6] 簡文「宔=」當從網友 ee（單育辰）之說，為「廟食」二字之合文，[註7]「廟食」一詞亦見於傳世文獻，

[註5] 王寧《清華簡六〈鄭文公問太伯〉（甲本）釋文校讀》，復旦大學出土文獻與古文字研究中心網，2016 年 5 月 30 日，http://www.gwz.fudan.edu.cn/Web/Show/2809

[註6] 王寧《由清華簡六二篇說鄭的立國時間問題》，復旦大學出土文獻與古文字研究中心網，2016 年 4 月 20 日，http://www.gwz.fudan.edu.cn/Web/Show/2777

[註7] 簡帛論壇《清華六〈鄭文公問太伯〉初讀》36 樓 ee 發言，簡帛網，發表日期：2016 年 4 月 23 日，http://www.bsm.org.cn/bbs/read.php?tid=3346&fpage=4

如《史記・滑稽列傳》：「廟食太牢」。《國語・鄭語》載：「主芣、騩而食溱、洧」，韋昭注云：「主，爲之神主。是，謂居其土，食其水。」此句的意思與簡文「廟食」相似。

1.1 簡文所見地名整理與研究

本段中涉及的地名有「魚羅」「鄝」「邘」「猋」「郙」。首先對以上幾個地名的進行全面梳理，並對其地望作進一步說明。

（1）魚羅

「魚羅」，原整理者讀作「魚麗」。魚麗爲鄭國著名的戰陣，見於《左傳・桓公五年》：「祭仲足爲左拒，原繁、高渠彌以中軍奉公，爲魚麗之陳。先偏後五，伍承彌縫。」

杜預注云：「《司馬法》：車戰二十五乘爲偏，以車居前，以伍次之，承偏之隙而彌縫闕漏也。五人爲伍。此蓋魚麗陣法。」江永引《周禮・夏官・司右》云：「凡軍旅會同，合其車之卒伍而比承其後而彌縫之，若魚之相麗而進。」〔註8〕後人對魚麗之陣的陣型多有異說，對比諸家說法，趙長征之說或許更爲合理。此戰陣當爲鄭子元所首創，周鄭繻葛之戰，鄭國採用了子元所提出的戰術，爲左拒抵擋蔡、衛之軍，爲右拒對抗陳人，「拒」即方陣，待陳、蔡、衛的軍隊敗退，再對周王所率中軍形成合圍之勢，此戰鄭國正是依靠此戰術擊潰了周王所率聯軍。趙長征先生之說結合《詩經・小雅・魚麗》篇中的「魚麗于罶」，《毛傳》：「麗，歷也。罶，曲梁也，寡婦之笱也。」朱熹《詩集傳》：「梁，堰石障水而空其中，以通魚之往來者也。笱，以竹爲器，而承梁之空以取魚者也。」認爲古人於水流中放置石頭以方便過河，此謂梁，在石頭之間放置笱一類的捕魚器具，「魚麗于罶」是指魚順流而下時正好落入了漁具之中。兩周時期貴族都熟讀《詩》，此陣取名爲「魚麗」或是出於鄭子元等對《詩經》「魚麗于罶」的聯想。如趙先生所說，鄭軍前排的戰車就如同河中的石梁，後排步兵的位置與戰車錯開，就像是石梁後的「罶」一般。而鄭國三軍的陣型也如「魚麗于罶」一般，鄭軍的左、右拒就如兩塊石梁一般，而鄭國的中軍則爲石梁中間的「罶」，周王所率的中軍就像是落入「罶」的魚。〔註9〕

〔註8〕楊伯峻《春秋左傳注》，北京：中華書局，2015年10月，第105頁。
〔註9〕趙長征《周鄭繻葛之戰與「魚麗」之陣》，《文史知識》2012年第3期，第18～21頁。

據以上所述，簡文中「魚羅」之「羅」當讀如本字，簡文「魚羅」爲地名，與《左傳》所載的魚麗之陣恐怕並無關聯。《左傳・桓公五年》「爲魚麗之陣」的「魚麗」並非地名，原整理者言魚麗或爲地名恐怕有誤。〔註 10〕

關於「魚羅」的地望，現有以下幾種說法：

網友子居從原整理者之說，將「魚羅」讀作「魚麗」，認爲此地或即後世所稱五池溝。並引《水經注・渠水》：「渠水右合五溝池。溝上承澤水，下流注渠，謂之五池口。渠水又東，不家溝水注之，水出京縣東南梅山北溪。」言此地位於不家溝水之西，約在今鄭州市西南，或即今鄭州市賈魯河上游一帶。〔註 11〕

尉侯凱認爲魚羅之「羅」當讀爲「陵」，此地即《左傳》中所載的「魚陵」，《後漢書・郡國志》作「魚齒山」，在今河南省襄城縣西南，該地於春秋時屬鄭國。《左傳・襄公十八年》：「楚師伐鄭，次於魚陵。」杜預注：「魚陵，魚齒山也，在南陽犨縣北。鄭地。」楚師伐鄭次於魚陵，說明此地地理位置十分重要，或可驗證簡文「戰於魚羅（陵）」之說。〔註 12〕

簡文稱鄭桓公戰於魚羅，獲鄟、邶二地，鄟、邶二地應當距離魚羅不遠。羅上古音爲來紐歌部，陵上古音爲來紐蒸部，兩字聲紐相同，讀音相近。尉侯凱言魚羅爲魚陵或許有一定道理，但並無明確證據。

（2）鄟

簡文「鄟」，甲本字形作「」，乙本作「」。原整理者據《說文》「㯻」從马得聲，讀若「含」，將簡文「鄟」讀作「函」，並提出以下兩種推測：一、此地在函冶，春秋時期晉國范氏之封邑；二、或在函陵，今河南新鄭。〔註 13〕網友子居認爲「鄟」當爲函陵而非函冶，函冶在今河南孟州市北，當時鄭桓公勢在攻鄶，而函冶地理位置偏北。〔註 14〕王寧認爲簡文「鄟」字從

〔註 10〕清華大學出土文獻研究與保護中心編，李學勤主編《清華大學藏戰國竹簡（陸）》，上海：中西書局，2016 年 4 月，第 121 頁。

〔註 11〕子居《清華簡〈鄭文公問太伯（甲本）〉解析》，中國先秦史網，2016 年 5 月 1 日，http://xianqin.byethost10.com/2016/05/01/327?i=1

〔註 12〕尉侯凱《〈鄭文公問太伯〉（甲本）注釋訂補（三則）》，簡帛網，2016 年 6 月 6 日，http://www.bsm.org.cn/show_article.php?id=2569

〔註 13〕清華大學出土文獻研究與保護中心編，李學勤主編《清華大學藏戰國竹簡（陸）》，上海：中西書局，2016 年 4 月，第 121 頁。

〔註 14〕子居《清華簡〈鄭文公問太伯（甲本）〉解析》，中國先秦史網，2016 年 5 月 1 日，http://xianqin.byethost10.com/2016/05/01/327?i=1

邑柬聲，讀作「韋」，此字蓋即「鄣」之或體，此地或即《國語・鄭語》所載十邑中的「依」，其地望待考。〔註15〕吳良寶從王寧之說，認爲「鄣」有讀爲「鄣」，讀作「依」的可能，並提出以下兩條例證：一、甲骨文「柬」字有「範」與「圍」兩個讀音；二、溫縣盟書中的「練」字之異體字作「緻」，「練」所從之「柬」讀「散（韋）」聲。〔註16〕薛培武懷疑「鄣」爲鄭之「氾」地。〔註17〕尉侯凱從薛培武之說，認爲「鄣」即氾城，在今河南襄城縣南，與魚陵相距不遠。〔註18〕

綜合以上所引諸家說法，簡文中「鄣」的地望有以下三種可能，一、此地爲函陵，在今河南新鄭；二、此地即《國語・鄭語》所載鄭之十邑之一的「依」；三、此地爲氾地，在今河南襄城縣南，其地接近魚陵。

（3）邺

簡文「邺」，原整理者讀爲「訾」，此「訾」非《左傳・文公元年》所見之「訾」，此地在今河南鞏縣。〔註19〕網友子居認爲「邺」或在子節溪附近，子節溪在今河南新密市西，發源於新密尖山下寺溝，子節或即邺之緩讀。〔註20〕王寧認爲「邺」爲《國語・鄭語》所載鄭國十邑之一，或爲十邑中的「莘」或「華」。「莘」「華」二字皆爲訛字，本當作「莘」。簡文「邺」、《左傳》所見「訾」，《國語》中的「莘」都是指同一個邑。〔註21〕尉侯凱認爲簡文中「鄣」「邺」二地在魚陵附近，整理者言「邺」在今河南鞏縣值

〔註15〕 王寧《清華簡六〈鄭文公問太伯〉「函」「訾」別解》，復旦大學出土文獻與古文字研究中心網，2016年5月20日，http://www.gwz.fudan.edu.cn/Web/Show/2801

〔註16〕 吳良寶《清華簡地名「鄣」「邺」小考》，《出土文獻》第九輯，上海：中西書局，2016年10月，第178～182頁。

〔註17〕 王寧《清華簡六〈鄭文公問太伯〉「函」「訾」別解》文下1樓薛後生（薛培武）評論，發表日期：2016年5月20日，http://www.gwz.fudan.edu.cn/Web/Show/2801

〔註18〕 尉侯凱《讀清華簡六札記（五則）》，《出土文獻》第十輯，上海：中西書局，2017年4月第1版，第128頁。

〔註19〕 清華大學出土文獻研究與保護中心編，李學勤主編《清華大學藏戰國竹簡（陸）》，上海：中西書局，2016年4月，第121頁。

〔註20〕 子居《清華簡〈鄭文公問太伯（甲本）〉解析》，中國先秦史網，2016年5月1日，http://xianqin.byethost10.com/2016/05/01/327?i=1

〔註21〕 王寧《清華簡六〈鄭文公問太伯〉「函」「訾」別解》，復旦大學出土文獻與古文字研究中心網，發表日期：2016年5月20日，http://www.gwz.fudan.edu.cn/Web/Show/2801

得商榷。〔註 22〕吳良寶引清人江永《春秋地理考實》中的說法:「奔許而自
訾求入,則訾當在鄭南,別一地,非文公元年縣訾之訾。」楊伯峻推測此「訾」
在今河南新鄭縣與許昌縣之間,徐克炯推測在今河南新鄭縣南。吳良寶據鄭
國東遷之初形勢,認為簡文「邨」也有可能是《左傳・成公十三年》所載「鄭
公子班自訾求入于大公」之「訾」。〔註 23〕

原整理者將「邨」讀作「訾」,兩字皆從「此」得聲,此說應當可從。但
是此地為今河南鄭州鞏義市附近的訾,還是如吳良寶之說在今河南新鄭縣
南,尚不能確定。

（4）𣲵

簡文「𣲵」當為地名,原整理者云:「或說『𣲵』為表二水之間的地名。」
〔註 24〕據王寧之說,簡文「𣲵」或為「灂」之異構,《說文》:「灂,水裂去也。
從水虢聲。」段注:「謂水分裂而去也。」據《說文》:「虢,虎所攫畫明文也。」
「虢」或有劃分義,而簡文「𣲵」所從之「介」亦有劃分、界分之義。虢上古
音為見紐鐸部,介為見紐月部,兩字聲紐相同,鐸、月皆為入聲韻,二部互
為通轉關係,「虢」與「介」音近。簡文「𣲵」或讀作「虢」,此地或為鄭國所
滅之東虢。〔註 25〕黃聖松、黃庭頎認為簡文「𣲵」所從之「介」可與「制」
通,「𣲵」即為傳世文獻所見之「制」。〔註 26〕《左傳・隱公元年》載:「及莊
公即位,為之請制,公曰:『制,巖邑也,虢叔死焉,佗邑唯命。』」虢為東
虢,制當為其屬地。《國語・鄭語》云:「虢叔恃勢,鄶仲恃險。」韋昭注云:
「此虢叔,虢仲之後。叔、仲皆當時二國君之字。勢,地勢阻固也。險,有
險阻。皆恃之而不修德。」〔註 27〕《漢書・地理志》云:「成皋,故虎牢,或
曰制。」《元和郡縣圖志》卷五載:「氾水縣,古虢國,鄭之制邑,漢之成皋

〔註 22〕尉侯凱《〈鄭文公問太伯〉(甲本)(注釋訂補 (三則)》,簡帛網,2016 年 6 月
　　　　6 日,http://www.bsm.org.cn/show_article.php?id=2569
〔註 23〕吳良寶《清華簡地名「鄭」「邨」小考》,《出土文獻》第九輯,上海:中西書
　　　　局,2016 年 10 月,第 182 頁。
〔註 24〕清華大學出土文獻研究與保護中心編,李學勤主編《清華大學藏戰國竹簡
　　　　(陸)》,上海:中西書局,2016 年 4 月,第 121 頁。
〔註 25〕王寧《由清華簡六二篇說鄭的立國時間問題》,復旦大學出土文獻與古文字研
　　　　究中心網,2016 年 4 月 20 日,http://www.gwz.fudan.edu.cn/Web/Show/2777
〔註 26〕黃聖松、黃庭頎《〈清華六・鄭文公問太伯〉札記 (二)》,簡帛網,2016 年 9
　　　　月 14 日,http://www.bsm.org.cn/show_article.php?id=2631
〔註 27〕徐元誥《國語集解》,北京:中華書局,2016 年 9 月,第 463 頁。

縣，一名虎牢。」皆認爲制即虎牢關。譚其驤《中國歷史地圖集》亦從之說。〔註28〕

「襲」有攻其不備之義，《左傳・襄公二十三年》：「齊侯襲莒」，杜預注：「掩其不備曰襲。」再如《左傳・莊公二十九年》：「凡師，有鐘鼓曰伐，無曰侵，輕曰襲。」備此，「猭」非常有可能爲一處險邑，黃聖松、黃庭頎言「猭」爲「制」也是有一定道理的。然而，簡文「襲猭」與「克鄶」相對應，既然「鄶」爲國名，那麼與之對應的「猭」也非常可能是國名，《漢書・地理志》引臣瓚注云：「初鄭桓公爲周司徒，王室將亂，故謀於史伯而寄帑與賄於虢、會之間。幽王既敗，二年而滅會，四年而滅虢，居於鄭父之丘，是以爲鄭桓公。」〔註29〕鄭國東遷，奪虢、鄶之地而居之。且簡文「猭」所從之「介」與「虢」皆有分裂、界分之義，所以簡文「猭」非常有可能如王寧所說，爲東虢。《鄭文公問太伯》篇「襲猭克鄶，廟食汝容社之處，亦吾先君之力也」一句，或可爲定虢、鄶者是鄭桓公而非鄭武公之說又添一例證。

（5）鄶

簡文「鄶」即鄶國，《詩經》作「檜」，《漢書・地理志》作「會」，爲妘姓國，據《國語・鄭語》韋昭注云：「陸終第四子曰求言，爲妘姓，始封鄶。鄶，今新鄭也。」〔註30〕鄶之始封君求言爲祝融之孫。鄶國位於溱、洧二水之間，據汪遠孫之說，大概在今河南密縣東，新鄭縣西。〔註31〕

1.2 鄭人滅鄶問題淺析

關於鄭國滅鄶這一問題，學者們歷來說法不一，或認爲鄶滅於鄭桓公，或認爲滅於鄭武公。

鄭人滅鄶的相關基本史料見於《國語・鄭語》《古本竹書紀年》以及《韓非子・內儲說下》。以下是對相關基本史料的簡單分析：

（1）《國語・鄭語》載：「公（鄭桓公）說，乃東寄帑與賄，虢、鄶受之，十邑皆有寄地。幽王八年而桓公爲司徒，九年而王室始騷，十一年而斃。」

韋昭注云：「十邑，謂虢、鄶、鄢、蔽、補、舟、依、柔、歷、華也。後

〔註28〕譚其驤《中國歷史地圖集（第一冊）》，北京：中國地圖出版社，1996年6月，第24～25頁。
〔註29〕（東漢）班固《漢書》，北京：中華書局，2013年4月，第1544頁。
〔註30〕徐元誥《國語集解》，北京：中華書局，2016年9月，第468頁。
〔註31〕徐元誥《國語集解》，北京：中華書局，2016年9月，第463頁。

桓公之子武公竟取十邑之地而居之，今河南新鄭是也。」〔註32〕此外，《國語·周語中》：「鄶由叔妘。」唐固《注》云：「（鄶）亦鄭武公滅之，不由女亡也。」〔註33〕

但是《國語·鄭語》並未明確記載鄶滅於鄭桓公還是鄭武公，韋昭、唐固皆言鄶滅於鄭武公也都是出自作注者的推測。

（2）《古本竹書紀年》：「晉文侯二年，周宣王子多父伐鄶，克之。乃居鄭父之丘，名之曰鄭，是曰桓公。」

《今本竹書紀年》云：「晉文侯同王子多父伐鄶，克之。乃居鄭父之丘，是爲鄭桓公。」〔註34〕

徐文靖《統箋》云：「據《竹書》，桓公時已克鄶，而居于鄭父之丘，故曰鄭桓。《史記·鄭世家》：桓公卒言王，東徙其民雒東，而虢鄶果獻十邑，竟國之。與《紀年》合。韋昭注《國語》，其時未見《竹書》，故以取十邑爲武公也。」〔註35〕

雷學淇《義證》云：「鄭父之邱，未詳所在。《水經·洧水注》謂即新鄭，非是。新鄭乃平王六年所遷居者。此地當在今鄭州，乃鄶之東北地名也。《隋書·地志》謂滎陽管城有鄭水，此鄭所由名。《韓詩內傳》謂殷末有鄭交甫，《穆天子傳》以圃田爲圃鄭，則鄭邱在今鄭州近是，曰鄭父之邱者，鄭父即交甫之類，先曾國於此者。據《紀年》，幽王之世，鄭武公始滅鄶。此之所克，鄶之一二邑耳。《公羊傳》有鄭伯處留之說，當即此事。蓋桓公初邑棫林，宣王二十二年居洛。此年伐鄶（晉文侯二年），徙居鄭父之邱。幽王八年入爲司徒，謀于史伯，使家屬仍留居于鄭，且請地于虢、鄶、鄢、華諸國以廣其居。《左傳》子產謂先君桓公芟殺此地而共處之；《國語》謂桓公乃東寄帑與賄，十邑皆有寄地，此之謂也。及平王時，武公滅鄶滅虢，遷於溱、洧之間，名其都曰新鄭。以前之所居者爲邑，名之曰留，此即鄭居洛東之大略也。」〔註36〕

〔註32〕 徐元誥《國語集解》，北京：中華書局，2016 年 9 月，第 477 頁。
〔註33〕 徐元誥《國語集解》，北京：中華書局，2016 年 9 月，第 47 頁。
〔註34〕 方詩銘、王修齡《古本竹書紀年輯證》，上海：上海古籍出版社，1981 年 2 月，第 258 頁。
〔註35〕 （清）徐文靖《竹書紀年統箋》，北京：修綆堂，1921～1949 年，第 26～27 頁。
〔註36〕 （清）雷學淇《竹書紀年義證》，上海：上海圖書集成局，1897 年，第 204～205 頁。

　　對於《竹書紀年》所載之「鄭父之丘」，學界長久以來尚無定論，徐文靖認爲鄭桓公所居鄭父之丘即新鄭，滅鄶者爲鄭桓公。而雷學淇認爲鄭父之丘並非溱、洧之間的新鄭，定虢、鄶者爲鄭武公。

　　（3）《韓非子‧內儲說下》：「鄭桓公將欲襲鄶，先問鄶之豪傑、良臣、辯智、果敢之士，盡與姓名，擇鄶之良臣良田賂之，爲官爵之名而書之，因爲設壇場郭門之外而埋之，釁之以雞豭，若盟狀。鄶君以爲內難也，而盡殺其良臣。桓公襲鄶，遂取之。」〔註37〕此段敘述了鄭桓公取鄶之事。

　　《左傳‧昭公十六年》《史記‧鄭世家》《說苑‧權謀》《漢書‧地理志》、鄭玄《詩譜》中均包含對鄭人滅鄶之事的傳述。

　　（1）《左傳‧昭公十六年》所載子產答韓子所言：「昔我先君桓公與商人皆出自周，庸次比耦以艾殺此地，斬之蓬、蒿、藜、藋，而共處之，世有盟誓，以相信也。」

　　《左傳‧隱公十一年》：「吾先君新邑於此。」

　　孔穎達《春秋左傳正義》云：「《鄭語》桓公始謀，未取之也。武公始國，非桓公也。全滅虢、鄶，非獻邑也。昭十六年《傳》子產謂韓宣子曰：『我先君桓公與商人皆出自周，以艾殺此地，而共處之』者，謂寄帑與賄之時，商人俱行耳，非桓公身至新鄭。」〔註38〕

　　楊伯峻《春秋左傳注》曰：「新邑於此，指新鄭一帶。鄭國初封於西周，國土在今陝西省華縣東北二十里，東遷而後，鄭桓公伐虢、檜而併其土地，因立國於此。」〔註39〕

　　《左傳》中也並未明確記載鄶滅於鄭桓公還是鄭武公，孔穎達認爲是鄭武公滅鄶，楊伯峻認爲是鄭桓公滅鄶，均是出自作注者的推測。

　　（2）《史記‧鄭世家》：「桓公曰：『善。』於是卒言王，東徙其民雒東，而虢鄶果獻十邑，竟國之。二歲，犬戎殺幽王於驪山下，並殺桓公。鄭人共立其子掘突，是爲武公。」

　　清人梁玉繩《史記志疑》云：「案《國語》《漢‧地理志》《詩‧鄭譜》及孔《疏》，而知史公之說非也。桓公封于宗周畿內咸林之地，京兆鄭縣，是所

〔註37〕　（清）王先愼《韓非子集解》，北京：中華書局，1998年7月，第259頁。
〔註38〕　（唐）孔穎達《春秋左傳正義》，北京：北京大學出版社，2000年12月，第145頁。
〔註39〕　楊伯峻《春秋左傳注》，北京：中華書局，2015年10月，第75頁。

謂舊鄭也。因王室多故，感史伯之言，寄帑與賄于虢、鄶等十邑。桓公死幽王之難，其子武公與平王東徙，卒定十邑之地以爲國，河南新鄭是也。然則桓公始謀，非身得也。武公始國，非桓公也。武滅虢、鄶，非王徙之而獻邑也。」〔註40〕

《史記》記載鄭桓公建國於虢、鄶所獻之十邑，並未言虢、鄶滅於鄭桓公還是鄭武公。

（3）《說苑・權謀》：「鄭桓公將欲襲鄶，先問鄶之良臣而與之，爲官爵之名而盡之，因爲設壇於門外而埋之，釁之以豭若盟狀。鄶君以爲內難也，盡殺其良臣。桓公因襲之，遂取鄶。」〔註41〕《說苑》基本照錄《韓非子》中的相關記載，言鄭桓公設計取鄶。

（4）《漢書・地理志》載：「桓公從其言，乃東寄帑與賄，虢、鄶受之。後三年，幽王敗，威〔桓〕公死，其子武公與平王東遷，卒定虢、會之地，右雒左沛〔泲〕，食溱、洧焉。」〔註42〕

此外，《漢書・地理志》所引顏師古、應劭、臣瓚注中，都包括對鄭人滅鄶問題的不同看法。

臣瓚注云：「周自穆王以下都於西鄭，不得以封桓公也。初桓公爲周司徒，王室將亂，故謀於史伯而寄帑與賄於虢、會之間。幽王既敗，二年而滅會，四年而滅虢，居於鄭父之丘，是以爲鄭桓公，無封京兆之文也。」

顏師古注曰：「《春秋外傳》云：幽王既敗，鄭桓公死之，其子武公與平王東遷。故《左氏傳》云：『我周之東遷，晉、鄭焉依。』又鄭莊公云：『吾先君新邑於此。』蓋道新鄭也。穆王以下無都西鄭之事，瓚說非是。」〔註43〕

應劭注曰：「《國語》曰，鄭桓公爲周司徒，王室將亂，寄帑與賄於虢、會之間。幽王敗，威〔桓〕公死之，其子武公與平王東遷雒邑，遂伐虢、會而併其地，而邑於此。」〔註44〕

《水經・渭水注》引《漢書》臣瓚注云：「幽王既敗，虢鄶又滅，遷居其地，國於鄭父之丘，是爲鄭桓公。」

〔註40〕 （清）梁玉繩《史記志疑》，北京：中華書局，1981年1月，第1035～1036頁。

〔註41〕 （漢）劉向撰，趙善詒疏證《說苑疏證》，上海：華東師範大學出版社，1985年2月，第379～380頁。

〔註42〕 （東漢）班固《漢書》，北京：中華書局，2013年4月，第1652頁。

〔註43〕 （東漢）班固《漢書》，北京：中華書局，2013年4月，第1544頁。

〔註44〕 （東漢）班固《漢書》，北京：中華書局，2013年4月，第1557頁。

（5）鄭玄《詩譜》云：「桓公從之。言然之後三年，幽王爲犬戎所殺，桓公死之。其子武公與晉文侯定平王於東都王城，卒取史伯所云十邑之地，右洛、左濟、前華、後河、食溱、洧焉，今河南新鄭是也。」

此外，孔穎達《毛詩正義》、陳奐《詩毛氏傳疏》皆認爲定虢、鄶者爲鄭武公。

綜觀以上所引史料以及後人的注疏，要討論滅鄶者爲鄭桓公還是鄭武公這一問題，須先弄清以下三個問題：一、鄭桓公是否死於幽王之難；二、《竹書紀年》所載鄭父之丘爲何地；三、《韓非子》所記鄭桓公取鄶之事是否可信。

首先關於鄭桓公是否死於幽王之難，《國語・鄭語》載：「幽王八年而桓公爲司徒，九年而王室始騷，十一年而斃。」僅記載周王室的動亂及覆滅，並未言及鄭桓公死於幽王之難事。《史記・鄭世家》載：「二歲，犬戎殺幽王於驪山下，並殺桓公。」《史記》關於鄭桓公的記載本於《國語》，而《國語》中並無鄭桓公死於幽王之難的記載，《史記》言鄭桓公與周幽王並死於驪山下，抑或是出自太史公的杜撰。沈長雲先生首倡鄭桓公未死於驪山，而是聽從史伯的建議，已經棄周東遷立國。〔註45〕若桓公未死於幽王之難，那麼鄭桓公很有可能在周王室陷入混亂之際趁勢攻滅虢、鄶兩國。

關於《竹書紀年》所見之「鄭父之丘」，爲鄭桓公克鄶之後所居鄭地，當即溱、洧之間之新鄭，或稱古鄭城。而雷學淇認爲鄭父之丘並非新鄭之地，而是在鄶之東北，此說或有待商榷。

此外，曾有學者據《世本》中的相關記載，提出鄭國有「四都三遷」之說。鄭國初都棫，徙都拾，又東遷至溱、洧之間的古鄭城，最後遷都鄭，即鄭韓故城。〔註46〕《世本・居篇》云：「桓公居棫林，徙拾。」宋衷注曰：「棫林與拾，皆舊地名，是封鄭桓公，乃名爲鄭。」〔註47〕《史記・鄭世家》：「宣王立二十二年，友初封於鄭。」鄭桓公友初封之鄭即棫林。據《漢書・地理志》記載，京兆尹所屬鄭縣爲周宣王弟鄭桓公邑，〔註48〕地在今陝西東部華

〔註45〕沈長雲《證桓公未死幽王之難考》，《文史》第43輯，北京：中華書局，1997年8月，第244～247頁。

〔註46〕楊建敏《從〈世本〉記載看鄭國四都三遷》，《黃河科技大學學報》2009年第4期，第42～47頁。

〔註47〕（漢）宋衷注，（清）秦嘉謨等輯《世本八種・王謨輯本》，北京：中華書局，2008年8月，第33頁。

〔註48〕（東漢）班固《漢書》，北京：中華書局，2013年4月，第1544頁。

縣一帶。後人對此多有異說，此據尚志儒之說，鄭國初封地位於周王畿府邸的西部，其地望當以今鳳翔縣爲主。鄭桓公始封之棫林，爲金文所見鄭井國都邑減，下減的故地，周穆王所都西部亦在此地，建有鄭宮、春宮，並有行宮。〔註49〕《世本》所見之「拾」或在今陝西華縣一帶，鄭桓公或是見幽王無道，王室將有大亂，懼及於禍而自棫林遷徙至拾。

《世本‧居篇》又載：「文公徙鄭。」宋衷注曰：「即新鄭也。」在鄭桓公徙拾和鄭文公徙鄭之間，鄭國還經歷過一次遷都，即從拾東遷至溱、洧之間，即《竹書紀年》所見之「鄭父之丘」。而鄭文公所徙之鄭，地在今鄭州市的黃水河與雙洎河交匯地帶，即後世所稱「鄭韓故城」。

據《鄭文公問太伯》篇中「襲鯀克鄶，廟食汝容社之處，亦吾先君之力也」一句，當時鄭國仍廟食於鄭桓公所遷居之地，可見此時鄭文公尚未遷都。上文也談及此句中的「鯀」很有可能是指東虢，既然簡文稱「襲虢克鄶」爲鄭桓公之力，那就說明鄭桓公時，鄭人出兵攻打虢、鄶並取得勝利。此句抑或爲鄭桓公滅虢、鄶之說又添一例證。

但是，亦有學者雖承認鄭桓公已取得鄶地，但並不承認桓公已滅其國，而是鄭武公在桓公死後繼續伐鄶並滅之。〔註50〕雖然此說有一定的道理，但是，《韓非子‧內儲說》中明確記載鄭桓公取鄶之事，《說苑‧權謀》篇也基本照錄此段記載，認爲滅鄶者爲鄭桓公。

雖然《韓非子》屬於子書，學者們歷來不看重子書的史料價值，認爲子書重在表現作者思想，往往忽略甚至歪曲史實。子書中確實有少數與史實不符之處，但不能因此便忽略子書的史料價值。而且到目前爲止，尚未有明確證據可證明《韓非子‧內儲說》中對鄭桓公取鄶一事的記載有誤。

此外，《竹書紀年》記載鄭桓公伐鄶而克之，清華簡《鄭文公問太伯》篇亦載鄭桓公「襲鯀克鄶，廟食汝容社之處」，皆可證明鄭桓公時已奪取鄶地。也有學者言「克」只能代表鄭桓公對鄶用兵，取得軍事上的勝利，並不能說明鄭桓公已滅鄶國。但是《鄭文公問太伯篇》中明言於此享受廟食，顯然當時已奪取此地，且下文言及鄭武公時，也並未提及鄭武公滅虢、鄶之事。所

〔註49〕 尚志儒《鄭、棫林之故地及其源流探討》，《古文字研究》第十三輯，北京：中華書局，1986 年 6 月，第 438～450 頁。

〔註50〕 邵炳軍、路艷艷《〈詩‧檜風‧隰有萇楚〉〈匪風〉作時補證》，《中國文化研究》2006 年第 3 期，第 38～44 頁。

以，鄶國很有可能是為鄭桓公所滅。

由於不確定清華簡中的「綠」字是否指東虢，所以暫不談鄭人滅虢之事。結合《竹書紀年》、清華簡《鄭文公問太伯篇》以及《韓非子》中的相關記載，綜合以上分析，鄭桓公滅鄶的可能性要大於鄭武公滅鄶的可能性。

2、鄭武公世

簡文中對於鄭武公世史事的追述如下：

甲本：葉（世）及虖（吾）先君武公，西矤（城）汿（伊）、閒（澗），北邌（就）郂（鄔）、鄲（劉），縈厄（軛）郢（蔦）、竿（邘）之國，魯、壄（衛）、鄝（蓼）、邾（蔡）坴（來）見。

乙本：葉（世）及虖（吾）先君武公，西矤（城）汿（伊）、閒（澗），北儨（就）郂（鄔）、鄲（劉），縈厄（軛）郢（蔦）、竿（邘）之國，魯、衛、鄝（蓼）、邾〈邾〉（蔡）坴（來）見。

2.1 簡文所見地名整理與研究

以上所引簡文中所見地名有「汿」「閒」「郂」「鄲」「郢」「竿」。

（1）汿、閒

簡文「汿」「閒」，原整理者釋作「伊」「澗」。〔註51〕孟躍龍認為「閒」讀作「關」，簡文「汿閒」即《左傳・定公八年》所見之「伊關」，其地在周鄭邊境。〔註52〕據《左傳》所載，「伊關」屬周地，位於今河南洛陽市南。據《左傳・僖公十一年》：「揚、拒、泉、皋、伊、雒之戎同伐京師。」楊伯峻注云：「諸戎皆在洛陽市西南。」〔註53〕周王室東遷之初政局尚未穩固，且伊關附近存在戎狄之患，鄭武公當時與晉文侯夾輔周王室，為保王室周全，在此處築城以防戎狄入侵也是非常有可能的，孟躍龍之說亦有一定道理。但是根據下文「北就郂、鄲，縈軛郢、竿之國」兩句中，「郂」與「鄲」，「郢」與「竿」之間皆應當斷開，表示兩個不同的地方，那麼「汿」和「閒」之間也當斷讀，且並無明確證據可證明「閒」與「關」通。此從原整理者之

〔註51〕清華大學出土文獻研究與保護中心編，李學勤主編《清華大學藏戰國竹簡（陸）》，上海：中西書局，2016 年 4 月，第 119 頁。

〔註52〕孟躍龍《清華簡「伊閒」即「伊關」說》，簡帛網，2016 年 4 月 18 日，http://www.bsm.org.cn/show_article.php?id=2521

〔註53〕楊伯峻《春秋左傳注》，北京：中華書局，2009 年 10 月，第 338～339 頁。

說，簡文「尹」「閒」當即傳世文獻所見之「伊」「澗」，爲河水名。

《尚書‧禹貢》：「伊、洛、瀍、澗，入於河，滎、波既豬，道菏澤，被盟豬。」孔安國《尚書傳》云：「伊出陸渾山，洛出上洛山，澗出沔池山，瀍出河南北，四水合流而入河。」王鳴盛、蘇軾對此皆有異說。「洛」，《史記》《漢書》皆作「雒」，《漢書‧地理志》引顏師古注曰：「伊出陸渾山，雒出冢領山，瀍出穀成山，澗出黽池山，四水皆入河。」〔註54〕顧頡剛綜合各家說法，認爲諸水情況大致如下：「洛水」當從《史記》《漢書》作「雒水」，發源於今陝西省洛南縣之北冢嶺山，東南流入豫境，過盧氏縣，折而東北過洛寧、宜陽、洛陽，至鞏縣入河。「伊水」在雒水南，發源於今河南省盧氏縣熊耳山悶頓嶺，向東南流，折而東北經嵩縣、伊川等縣，至偃師入於雒水。「澗水」在雒水西北，發源於今河南澠池縣白石山，東南流合穀水，因此亦稱穀水，即《國語‧周語下》「穀雒鬬」之「穀」。東經新安縣，穿過洛陽市，後自洛陽市東南入雒水。〔註55〕

據以上所論，伊水、澗水均與雒水合流，合流交匯處皆與成周之地接近，據簡文「西城伊、澗」可知鄭武公時期，鄭國西部疆域至少已開拓至今河南洛陽市東南一帶，與成周之地相鄰。據《國語‧周語中》：「鄭武、鄭莊有大勳力於平、桓；我周之東遷，晉、鄭是依。」簡文所載鄭武公時於伊水、澗水流域築城或與晉文侯、鄭武公東遷勤王、夾輔周室之事有關，鄭武公在此築城或是爲拱衛周王室東部。

（2）郲、鄾、郱、竿

簡文「北就郲、鄾，縈軛郱、竿之國」一句中的「郲」「鄾」「郱」「竿」四地，原整理者認爲即《左傳‧隱公十一年》所見「鄔」「劉」「蔿」「邘」。〔註56〕此說甚是，學界對此說並無爭議。《左傳‧隱公十一年》載：「王取鄔、劉、蔿、邘之田於鄭，而與鄭人蘇忿生之田：溫、原、絺、樊、隰郕、欑茅、向、盟、州、陘、隤、懷。」據簡文可知，鄔、劉、蔿、邘爲鄭武公時期所開闢之疆土，在鄭武公時期，鄭國的疆域北至鄔、劉，南至蔿、邘。

鄔，又見於《國語‧鄭語》，爲鄭國十邑之一，據《路史‧國名紀》所載，

〔註54〕 （東漢）班固《漢書》，北京：中華書局，2013年4月，第1530頁。
〔註55〕 顧頡剛、劉起釪《尚書校釋譯論》，北京：中華書局，2005年4月，第674～675頁。
〔註56〕 清華大學出土文獻研究與保護中心編，李學勤主編《清華大學藏戰國竹簡（陸）》，上海：中西書局，2016年4月，第122頁。

鄔原爲邡（妘）姓國，高陽氏之後，後爲鄭所滅，在今河南偃師縣，其西南有鄔聚。《國語》公序本作「鄢」，此恐爲訛字。鄢爲妘姓國，爲鄭武公所滅，地在河南省鄢陵縣北而稍西，鄢位於鄭國東部，與鄔並非一地。劉在今河南偃師縣西南，周匡王封劉康公於此，鄔又在劉之西南。蔦當在今河南省孟津縣東北。據楊伯峻之說，今河南沁陽縣西北有邘臺鎮，當是古邘城，即鄭邘邑。〔註57〕

2.2 結合《繫年》談鄭武公之霸業

簡文「魯、衛、鄝、郰來見」，簡文「鄝」即「蓼」，當爲魯文公五年（公元前 622 年）被楚公子燮所滅之蓼國，爲偃姓國，皋陶之後，在今河南固始縣東北。簡文「郰」，乙本作「郲」，當爲訛字，據整理者之說，疑從上文「籔」字右半訛變。〔註58〕「郰」即蔡國，爲姬姓國，文王子叔度之後。鄭武公時都於上蔡，即今河南省上蔡縣附近故蔡國城。

清華簡《繫年》第二章「鄭武公亦政東方之諸侯」，原整理者認爲簡文「政」與「正」通，訓爲長，此言鄭武公爲東方諸侯之長。〔註59〕此說甚是，如上博簡《鄭子家喪》：「天後（厚）楚邦，由（使）爲者（諸）庋（侯）正。」其中「諸侯正」亦當爲諸侯長之義。《鄭文公問太伯》篇中的相關記載或可印證此說，簡文中魯、衛、蓼、蔡皆爲東方之諸侯國，且《左傳》中常見各諸侯國朝見諸侯長的記載。魯國與衛國在春秋時期始終具有較爲強大的國力，簡文記載魯、衛、蓼、蔡四國前來朝見，說明鄭國於鄭武公時期已具備相當強大的國力，足以擔任東方諸侯之長。

據清華簡《繫年》和《鄭文公問太伯》篇中的相關記載，似可推斷鄭武公已成就一番霸業，成爲東方諸侯之霸主。《鄭文公問太伯》篇載：「昔吾先君桓公後出自周，以車七乘，徒三十人。」由此觀之，鄭國東遷之初，其兵力著實少得可憐，而至鄭武公時期，鄭國已成爲東方諸侯之霸主，可見其發展速度之快。究其原因大概有以下幾點：一、據《國語·鄭語》所載：「桓公爲司徒，甚得周眾與東土之人」，周眾即西周之民，東土即陝以東，此句謂

〔註57〕楊伯峻《春秋左傳注》，北京：中華書局，2009 年 10 月，第 76 頁。
〔註58〕清華大學出土文獻研究與保護中心編，李學勤主編《清華大學藏戰國竹簡（陸）》，上海：中西書局，2016 年 4 月，第 126 頁。
〔註59〕清華大學出土文獻研究與保護中心編，李學勤主編《清華大學藏戰國竹簡（貳）》，上海：中西書局，2011 年 12 月，第 140 頁。

鄭桓公甚得民心。且西周末年虢、鄶兩國之君主失德，鄭桓公甚得周眾與東土之民心，其「以成周之眾奉辭伐罪」也定當攻無不克。鄭桓公東遷想必也受到了周眾以及東土之民的大力支持。此外，《左傳·昭公十六年》載：「昔我先君桓公與商人皆出自周，庸次比耦以艾殺此地，之蓬、蒿、藜、藋而共處之，世有盟誓以相信也。」杜預注云：「桓公東遷，並與商人俱。」〔註60〕可見鄭國之東遷也有居於周地的殷商遺民的功勞。二、西周覆滅，幽王死難後，周王室陷入內亂，周平王與周攜王二王並立，鄭武公娶了申國之女，而平王的母親也是來自申國，由此可以看出鄭武公是周平王的堅定支持者。周平王能夠坐穩王位，鄭武公有很大的功勞。此外，《國語·晉語四》記載：「晉、鄭兄弟也，吾先君武公與晉文侯勠力一心，股肱周室，夾輔平王，平王勞而德之，而賜之盟質，曰：『世相起也』。」鄭武公夾輔周室有功，周平王感念鄭武公之恩德，給予鄭國優待，令鄭武公擔任東方諸侯之長也是非常有可能的。而且據《國語·晉語》所載，晉、鄭爲兄弟國，周平王曾賜予兩國世代相互扶持的盟信。周王室和晉國的大力扶持也應當是鄭國東遷之初的迅速崛起的一個重要原因。三、鄭國西依周室，當時晉楚兩國尚未興起，只有位於鄭國東方的宋、衛兩國是其勁敵。鄭國當時爲新興強國，很容易招致宋、衛、陳、蔡等國的忌恨。清華簡《鄭武夫人規孺子》篇載：「吾先君陷於大難之中，尻（居）於衛三年」，鄭武公曾居衛三年，這很有可能是衛國忌憚鄭國發展之快，爲限制其發展，通過某種手段將鄭武公囚禁於衛國三年，使之「不見其邦，亦不見其室」。但是以宋、衛、陳、蔡的國力難以抑制鄭國新興之勢，況且鄭國有周王室和晉國作爲靠山，足以向東與宋、衛、陳、蔡諸國爭雄。

3、鄭莊公世

簡文中鄭莊公世的相關記載如下：

甲本：枼（世）及虞（吾）先君臧（莊）公，乃東伐齊鄼（鄶）之戎爲敔（徹），北馘（城）邮（溫）、原，徬（遺）鈆（陰）樞（鄂）宋（次），東啓遺（隤）、樂，虞（吾）达（逐）王於鄸（葛）。

乙本：枼（世）及虞（吾）先君臧（莊）公，乃東伐齊鄼（鄶）

〔註60〕 楊伯峻《春秋左傳注》，北京：中華書局，2009年10月，第1379～1380頁。

之戎爲㪯（徹），北麮（城）郘（溫）、原，遺鄔（陰）椹（鄂）事，東敀（啓）遺（隤）、樂，虡（吾）达（逐）王於鄁（葛）。

鄭莊公是春秋早期一位非常有作爲的諸侯，後人有以「春秋第一霸」稱之者。鄭莊公於魯隱公元年（前 722 年）克段于鄢，平息鄭國內亂。鄭莊公以周王卿士的身份，多次「以王命討不庭」，又曾多次挑釁周王之權威，如周鄭交質、以泰山之祊易許田。魯桓公五年（前 708 年）周鄭繻葛之戰，鄭莊公率軍大敗周桓王所率蔡、衛、陳聯軍，使周王顏面掃地。

3.1 簡文「齊酅之戎」辨析

簡文「乃東伐齊酅之戎爲徹」一句，學者們對此說法不一。原整理者認爲「齊酅之戎」即《左傳》隱公九年和桓公六年所見之北戎。北戎或處於濟水與斟灌之間，斟灌在今河南范縣東南與山東交界處。〔註61〕網友子居從原整理者之說，認爲「齊酅之戎」即北戎，並引江永《春秋地理考實》之說，認爲簡文「酅」在今山東肥城縣西南的汶水北岸。〔註62〕王寧認爲簡文「齊」當讀爲「濟」，「酅」又作「讙」，地在古濟水附近。北戎原居北方，後入侵中土，遂與中土各諸侯國雜居，簡文「齊酅之戎」或即居於濟水與酅之間的戎人，其地在鄭國東部，故稱「東伐」。〔註63〕黃聖松、黃庭頎認爲簡文「齊酅」爲「山」之緩讀，「齊酅之戎」即傳世文獻所見之「山戎」。〔註64〕劉光認爲「齊酅之戎」當讀爲「濟酅之戎」，爲活動在濟水之戎，爲己姓，其活動範圍大致在魯國以西，鄭國以東的濟水流域。〔註65〕

簡文「爲徹」，子居訓「徹」爲「治」，〔註66〕王寧認爲「徹」當讀作「烈」，

〔註61〕清華大學出土文獻研究與保護中心編，李學勤主編《清華大學藏戰國竹簡（陸）》，上海：中西書局，2016 年 4 月，第 122 頁。

〔註62〕子居《清華簡〈鄭文公問太伯（甲本）〉解析》，中國先秦史網，2016 年 5 月 1 日，http://xianqin.22web.org/2016/05/01/327

〔註63〕王寧《清華簡六〈鄭文公問太伯〉（甲本）釋文校讀》，復旦大學出土文獻與古文字研究中心網，2016 年 5 月 30 日，http://www.gwz.fudan.edu.cn/Web/Show/2809

〔註64〕黃聖松、黃庭頎《〈清華六·鄭文公問太伯〉札記》，簡帛網，2016 年 9 月 7 日，http://www.bsm.org.cn/show_article.php?id=2628

〔註65〕劉光《清華簡〈鄭文公問太伯〉所見鄭國初年史事研究》，《山西檔案》2016 年第 6 期，第 34 頁。

〔註66〕子居《清華簡〈鄭文公問太伯（甲本）〉解析》，中國先秦史網，2016 年 5 月 1 日，http://xianqin.22web.org/2016/05/01/327

訓為列，〔註67〕黃聖松、黃庭頎認為簡文「為徹」當單獨成句，「徹」有「取」意，「為徹」則為《左傳·隱公十一年》載周桓王取鄭鄔、劉、蒍、邘四邑，而與鄭國蘇忿生之田事。「為徹」則是從鄭莊公立場言之，以鄔、劉、蒍、邘四邑換取蘇忿生之田。〔註68〕

　　綜合以上所引各家說法，筆者認為簡文「東伐齊酄之戎為徹」當與《左傳·隱公九年》所記「北戎侵鄭」「鄭人大敗戎師」之事相關。下文所載北城溫、原，東啓隤、樂以及逐王於葛之事，分別見於《左傳》隱公十一年和桓公五年，簡文所記「東伐齊酄之戎」的時間當在魯隱公十一年之前，此亦可旁證簡文「齊酄之戎」即《左傳·隱公九年》之「北戎」。此外，隱公九年所見之「北戎」不同於魯桓公六年鄭太子忽率師救齊時所敗之「北戎」，據楊伯峻之說，桓公六年所見「北戎」或為《左傳·莊公三十年》所載之山戎。〔註69〕簡文中的「齊酄之戎」，即《左傳·隱公九年》之北戎，或可參王寧之說，原居於北地，後因南下入侵中土而與各諸侯國雜居，亦常與諸國互相攻伐，此「齊酄之戎」或居於濟水與酄地之間，地在鄭國之東，魯國之西。

3.2 簡文所見地名整理與研究

　　上引簡文所涉及地名包括鄔、原、樂、遺、葛。至於「徬（遺）釙橝宷」中是否包含地名尚不確定。

　　（1）鄔、原

　　簡文「鄔」，原整理者讀作「溫」。據《左傳·隱公十一年》記載：「王取鄔、劉、蒍、邘之田于鄭，而與鄭人蘇忿生之田：溫、原、絺、樊、隰郕、攢茅、向、盟、州、陘、隤、懷。」溫、原皆為周桓王與鄭人蘇忿生之田，此引楊伯峻之說，溫即《左傳·隱公三年》「取溫之麥」之「溫」，為蘇氏之始封邑，故城在今河南省溫縣西稍南三十里。原，當在今河南省濟源縣北而稍西的原鄉。〔註70〕《左傳·莊公十九年》載：「蒍國、邊伯、石速、詹父、

〔註67〕王寧《清華簡六〈鄭文公問太伯〉（甲本）釋文校讀》，復旦大學出土文獻與古文字研究中心網，2016 年 5 月 30 日，http://www.gwz.fudan.edu.cn/Web/Show/2809

〔註68〕黃聖松、黃庭頎《〈清華六·鄭文公問太伯〉札記》，簡帛網，2016 年 9 月 7 日，http://www.bsm.org.cn/show_article.php?id=2628

〔註69〕楊伯峻《春秋左傳注》，北京：中華書局，2009 年 10 月，第 113 頁。

〔註70〕楊伯峻《春秋左傳注》，北京：中華書局，2009 年 10 月，第 77 頁。

子禽祝跪作亂，因蘇氏。秋，五大夫奉子穨以伐王，不克，出奔溫。」據此可知，至魯莊公十九年（公元前 675 年），溫仍爲蘇氏邑。鄭莊公應當並未完全奪取溫邑，而只是得到溫地的部分田地。周桓王取鄭國之四邑，而與鄭人自己無法控制的蘇忿生十二邑，據簡文「北城溫、原」，鄭人或許只是在短時間內佔有溫、原二邑，後又被蘇氏奪回。

（2）徬鄝樇宩

簡文「䣄」「原」後的四字，甲本作「徬鄝樇宩」，乙本作「遺鄝樇事」，學者們關於此四字亦是眾說紛紜。有認爲此句中無地名者，有認爲此句中包含地名者，亦有認爲四字皆爲地名者。

原整理者認爲「徬（遺）」訓爲給予、交付，或訓爲「亡」；「鄝」讀作「陰」，疑即平陰津，在今河南孟津東北；鄂在山西鄉寧縣，此句謂交付陰、鄂之事。似指鄭武公、莊公本爲周卿士，周桓王奪鄭莊公政，莊公遂不朝。〔註71〕石小力認爲簡文「樇」即桑樹之「桑」，樅木，喪聲，楚簡中多用作「喪」。〔註72〕網友子居認爲簡文「徬（遺）鄝樇宩（次）」中四字皆爲地名，「遺」讀作「隤」，「鄝」讀作「陘」「桑」讀作「向」，「次」讀作「稀」，皆屬《左傳・隱公十一年》所載周桓王交換給鄭莊公的蘇忿生之田。〔註73〕王寧則是對照上文「獲鄶、邥輆車」「縈輆薦、邗之國」兩句皆與車輛有關，認爲此句中「鄝（陰）」亦當是與車輛有關之事物。「陰」即古代車輛上遮蔽車軌的擋板，漢代成爲「搶軌」。簡文「遺」爲捨棄、丟棄義。「遺陰」之遺棄搶軌，因搶軌損壞需要更換，換下的則被丟棄，所以「遺陰」亦是維修車輛之意。簡文「樇」讀爲「桑」，爲地名，蓋鄭國軍隊曾駐紮於此，故稱「桑次」。「遺陰桑次」指佔領桑地並在那裡駐軍、維修車輛。〔註74〕據黃聖松、黃庭頎之說，簡文「徬鄝樇宩」或讀作「遺廕喪資」，「遺」「喪」皆失去之意，「喪資」指「喪財」，「遺陰」或可釋爲「失去庇廕」。周桓王本不能控制蘇

〔註71〕清華大學出土文獻研究與保護中心編，李學勤主編《清華大學藏戰國竹簡（陸）》，上海：中西書局，2016 年 4 月，第 122～123 頁。

〔註72〕清華大學出土文獻讀書會《清華六整理報告補正》，清華大學出土文獻研究與保護中心網，2016 年 4 月 16 日。

〔註73〕子居《清華簡〈鄭文公問太伯（甲本）〉解析》，中國先秦史網，2016 年 5 月 1 日，http://xianqin.22web.org/2016/05/01/327

〔註74〕王寧《清華簡六〈鄭文公問太伯〉的「縈輆」「遺陰」解》，復旦大學出土文獻與古文字研究中心網，2016 年 5 月 16 日，http://www.gwz.fudan.edu.cn/Web/Show/2793

忿生之十二邑，卻實取鄭國四邑而虛予其十二邑，鄭國損失甚劇。鄭人或短暫控制溫、原二邑，後又無法保留二邑，故謂「遺廕喪資」。〔註75〕

以上所引王寧和黃聖松、黃庭頎之說或有穿鑿附會之嫌，對比各家觀點，網友子居之說或許更加合理，簡文「徣鈃橺宁」皆爲地名，此句當讀作「隤、陘、向、絺」，與上句「北城溫、原」連讀。簡文「邵、原、徣（遺）、鈃、橺、宁」皆屬周桓王與鄭人的蘇忿生之田，且蘇忿生之田皆在鄭國之北部，故簡文云「北城」，簡文「徣（遺）」當讀作隤，地在今河南省獲嘉縣北約二十里；「鈃」或即「陘」，讀作「形」，地在今河南省沁陽縣西北三十里；簡文「橺」釋作「桑」，讀作「向」，桑上古音爲心紐陽部，向上古音爲曉紐陽部，二字皆屬陽部韻，讀音相近，或可互通假借。據此簡文「橺（桑）」或即《左傳·隱公十一年》所見之「向」，地在今河南省濟源縣南稍西二十餘里。簡文「宁」，乙本作「事」，此字蓋爲《左傳》所見的「絺」，絺音癡，地在今河南省沁陽縣西稍南三十里。〔註76〕

（3）遺

簡文「東啓遺、樂」之「遺」，原整理者認爲是《左傳·隱公十一年》周桓王所與鄭人蘇忿生之田中的「隤」，在今河南省獲嘉縣西北。〔註77〕但是隤的地理位置偏北，而簡文明言「東啓」，此處之「遺」恐非指「隤」地。簡文「遺」當爲位於鄭國東部的某個地名。網友子居之說或可備參考，「遺」或讀爲隨，即沙隨。《春秋·成公十六年》載：「秋，公會晉侯、齊侯、衛侯、宋華元、邾人于沙隨。」杜預注云：「沙隨，宋地。」〔註78〕根據《左傳》中的相關記載可知春秋早期，鄭、宋兩國常年互相攻伐，宋國經常不敵鄭國。據簡文所載「東啓遺、樂」，鄭莊公時期或許曾奪取宋邑沙隨。

（4）樂

簡文「樂」之地望尚無從考證。《春秋》《左傳》桓公十五年皆有鄭厲公「居於櫟」的記載，楊伯峻注曰：「櫟爲鄭之大都，即今河南省禹縣，在鄭都西南九

〔註75〕黃聖松、黃庭頎《〈清華六·鄭文公問太伯〉札記》，簡帛網，2016 年 9 月 7 日，http://www.bsm.org.cn/show_article.php?id=2628

〔註76〕楊伯峻《春秋左傳注》，北京：中華書局，2009 年 10 月，第 77 頁。

〔註77〕清華大學出土文獻研究與保護中心編，李學勤主編《清華大學藏戰國竹簡（陸）》，上海：中西書局，2016 年 4 月，第 123 頁。

〔註78〕子居《清華簡〈鄭文公問太伯（甲本）〉解析》，中國先秦史網，2016 年 5 月 1 日，http://xianqin.22web.org/2016/05/01/327

十里。」〔註79〕櫟當在鄭國之西部，而簡文明言「東啓隤、樂」，「樂」位於鄭國東部，與傳世文獻所見之「櫟」並非一地。原整理者釋「樂」爲「汋」，或與《左傳・成公十六年》所見宋地汋陂、汋陵有關，在今河南寧陵縣，地近商丘。

（5）葛

簡文「吾逐王於葛」，當指《左傳・桓公五年》所載的周鄭繻葛之戰，鄭人大敗周桓王所率聯軍。簡文「葛」，《左傳》隱公五年作「長葛」，桓公五年作「繻葛」，在今河南省長葛縣東北二十餘里。〔註80〕

附錄：祭仲封邑小考

祭仲，《左傳》亦稱祭仲足，是春秋早期鄭國有名的權臣，深受鄭莊公的器重，曾擔任鄭國執政，鄭莊公死後，祭仲曾獨攬鄭國的大權，甚至左右鄭國國君的廢立，是春秋早期著名的歷史人物。但是關於祭仲的封邑，前人說法不一，至今尚無定論。

關於鄭大夫祭仲的封邑，大致有以下幾種說法：

《史記・周本紀》「祭公謀父」，張守節《正義》：「《括地志》云：『故祭城在鄭州管城縣東北十五里，鄭大夫祭仲邑也。』《釋例》云：『祭城在河南，上有敖倉，周公後所封也。』」〔註81〕認爲祭仲封邑即周公第五子的封地。

據《左傳・桓公五年》：「初，祭封人仲足有寵於莊公」，祭仲之封邑當爲祭，楊伯峻《春秋左傳注》云：「祭邑當即今河南中牟縣之祭亭，與祭伯之祭在鄭州市者爲兩地。」〔註82〕又認爲祭地當在今河南省鄭州市東北。〔註83〕如今大多數學者皆認同此說。

《水經注・卷二十二》：「溮水出河南密縣大騩山，大騩，即具茨山也。黃帝登具茨之山，升于洪堤上，受《神芝圖》于華蓋童子，即是山也。溮水出其阿，流而爲陂，俗謂之玉女池。東逕陘山北，《史記》魏襄王六年，敗楚於陘山者也。山上有鄭祭仲冢，冢西有子產墓，累石爲方墳。墳東有廟，并東北向鄭城。」〔註84〕據此可知祭仲、子產皆葬於陘山，而陘山在長葛與新

〔註79〕楊伯峻《春秋左傳注》，北京：中華書局，2009 年 10 月，第 142 頁。

〔註80〕楊伯峻《春秋左傳注》，北京：中華書局，2009 年 10 月，第 41 頁。

〔註81〕（西漢）司馬遷《史記》，北京：中華書局，1963 年 6 月，第 136 頁。

〔註82〕楊伯峻《春秋左傳注》，北京：中華書局，2009 年 10 月，第 11 頁。

〔註83〕楊伯峻《春秋左傳注》，北京：中華書局，2009 年 10 月，第 132 頁。

〔註84〕（北魏）酈道元《水經注》，成都：巴蜀書社，1985 年 9 月，第 379 頁。

鄭交界處，所以有人認爲長葛爲祭仲的封邑。

　　清人多認爲祭仲封邑在長垣縣，如顧棟高《春秋大事表・春秋列國疆域表》曰：「其闌入大名府之長垣縣者，爲祭仲邑。」〔註85〕

　　前人對於鄭國權臣祭仲封邑的考證各有道理，僅根據傳世文獻的記載或許也很難斷定其封邑究竟在何處。出土文獻材料或許能爲考證祭仲封邑提供一些線索。

　　清華簡（陸）《鄭武夫人規孺子》篇所見的「邊父」，據簡文記載，邊父在鄭武公死後，鄭莊公剛即位之時，曾規誠諸位大夫慎重對待先君之喪，並代表眾大臣勸諫莊公臨政，由此可見邊父在鄭國卿大夫中具有很高的地位。陳偉認爲邊父很可能就是鄭國的權臣祭仲，原因有三：一、祭仲在「鄭伯克段于鄢」的鬥爭中堅定支持鄭莊公，其立場與簡文中的邊父完全一致；二、根據《史記・十二諸侯年表》記載，祭仲於平王二十八年，即鄭莊公元年（公元前 743 年）開始擔任鄭國的執政。而《鄭武夫人規孺子》篇記載的正是鄭莊公元年之事，當時作爲鄭國執政的祭仲代表眾卿大夫勸諫莊公也是非常符合情理的；三、祭仲又稱「祭仲足」，「邊父」之「邊」可與「跰」字通假，「跰」又與足相關。〔註86〕網友子居認爲邊父之「邊」似以「邊」地得稱，或是來自邊地，或爲邊地大夫。〔註87〕以上兩位的觀點都有一定的道理，若《史記》所載不誤，祭仲確於鄭莊公元年成爲鄭國執政，那麼祭仲與簡文中的「邊父」當爲同一人，因爲《鄭武夫人規孺子》篇中記載的邊父的言行很符合其鄭國執政的身份。據《禮記・檀弓上》「五十以伯仲」，可知先秦時期年過五十之人才會用「伯」「仲」這樣的尊稱，「祭仲」應當是此人年過五十後所用的稱號。祭仲於鄭莊公元年（公元前 743 年）成爲鄭國執政，死於鄭子嬰十二年（公元前 682）年，擔任鄭國執政達 61 年之久，因此在鄭莊公元年，祭仲不可能有五十歲，所以也不會稱「祭仲」，他當時的稱號非常有可能就是「邊父」，其中「父」爲尊稱，而稱「邊」者，也很有可能如網友子居所說，是因爲其封邑位於鄭國的邊邑。上引四種關於祭仲封邑的觀點中，長葛和長垣皆位於鄭國的邊地，長葛鄰近宋國，而長垣位於鄭、衛交界處。

〔註85〕　（清）顧棟高《春秋大事表》，北京：中華書局，1993 年 6 月，第 536 頁。
〔註86〕　陳偉《鄭伯克段「前傳」的歷史敘事》，《中國社會科學報》2016 年 5 月 3 日，第 004 版。
〔註87〕　子居《清華簡〈鄭武夫人規孺子〉解析》，中國先秦史網，2016 年 6 月 7 日，http://xianqin.byethost10.com/2016/06/07/338

據網友五角星之說，「祭仲爲鄭國的執政，所以其葬處並不一定就是當初的封地。子產墓與祭仲墓毗鄰，可見這一帶可能是鄭國貴族的集體墓地。」〔註88〕此說甚是，祭仲與子產都曾擔任過鄭國的執政，且都葬於長葛縣之陘山，此處或許是歷代鄭國執政的集體墓地。僅憑祭仲之墓在此便斷言長葛爲祭仲封邑恐怕不妥。

《鄭州市志》記載：「祭仲原爲鄭國守其疆土於東北邊疆祭地（今河南長垣縣）的『封人』，後爲鄭國卿，執政。」〔註89〕此說應當可從，祭仲原來的封邑或許確如清人所考，在今長垣縣，守衛鄭國的東北邊境，所以簡文中以「邊父」稱之，或許因守衛邊境有功，受到統治者的賞識，最終成爲鄭國的執政。

綜合傳世文獻和出土文獻所載，清華簡《鄭武夫人規孺子》篇中的邊父與祭仲當爲同一人，「祭仲」是其五十歲之後所用的稱呼。據「邊父」這個稱號可推斷祭仲的封邑或許確實如清人陳奐、江永等之說，在鄭國與衛國的邊境，即如今的長垣縣。

（二）出土文獻所見鄭國人物姓氏整理研究

兩周時期的社會是以宗法血緣關係維繫的貴族社會，姓氏在當時是貴族階級的一個重要象徵。此外，「姓」和「氏」在兩周時期是不能等同的。姓蓋爲母系氏族制社會的產物；氏者，乃姓之分也。男子稱氏，女子稱姓，此周之通志也。

春秋時期，世族階級壟斷了政治，世族即卿大夫的氏族。春秋時期的世族具有細密的宗族組織，世代擁有土地和勢力，在自己的封地內享有非常高的權力和自由。世族相當於是春秋列國內部的小國家。〔註90〕分封制和宗法制是兩周時期政治制度的基礎，當時的世卿世祿制也是分封制和宗法制的產物。中國人的家族觀念往往是重於國家觀念的，這或許也是源於先秦時期的世族政治。而姓氏也是這些世族的一個重要標誌。

〔註88〕五角星《〔請教〕祭仲的封邑在哪裡》4樓，國學數典網，http://bbs.gxsd.com.cn/forum.php?mod=viewthread&tid=161076&page=1

〔註89〕鄭州市地方史志編纂委員會編《鄭州市志（第一分冊）》，鄭州：中州古籍出版社，1999年10月，第189頁。

〔註90〕顧頡剛、童書業《國史講話·春秋》，上海：上海人民出版社，2015年7月，第197～198頁。

鄭國姓氏的研究也是鄭國史研究的一個重要組成部分，與鄭國史相關的青銅器銘文以及簡帛文獻中包含許多鄭國人名，其中大多爲鄭國的貴族階層，這些鄭國貴族的姓氏大多都能與傳世文獻所載的鄭國姓氏相對應，而有些姓氏則不見於傳世文獻。出土文獻中少數幾個人物的姓氏尚存在較大的爭議。

擬在此部分對出土文獻中所見鄭國人物的姓氏進行整理與研究，本部分將前文所收錄的出土文獻中所有鄭國人物的姓氏進行輯錄，並對見於傳世文獻的姓氏和不見於傳世文獻的姓氏分別進行討論。出土文獻中所見鄭國的姓氏若是亦見於傳世文獻，則進行一個簡單的整理與分析；若是不見於傳世文獻，甚至存在爭議者，如「王子氏」等，將對其姓氏進行相應分析研究，並以此爲基礎對先前學者提出的一些存疑觀點進行辨析。

1. 亦見於傳世文獻的姓氏

王梓材《世本集覽》所載鄭國諸臣之有氏可記者包括尹氏、祝氏、史氏、師氏、尉氏、良氏、洩氏（別爲堵氏）、孔氏、皇氏、石氏、侯氏、樂氏、司氏、高氏、褌氏、馮氏、菀氏、索氏。〔註91〕

《世本》秦嘉謨輯補本之《氏姓篇》中所收錄的鄭國姓氏有鄭氏、公父氏、共叔氏、共氏、京氏、段氏、侯氏、子人氏、具封氏、徐吾氏、子師氏、去疾氏、良氏、伯有氏、軒氏、馬師氏、駟氏、子晳氏、國氏、東里氏、子孔氏、子游氏、渾氏、豐氏、印氏、羽氏、子然氏、子革氏、大季氏、蘭氏、褚師氏、尉氏、西門氏、刜（夾）氏、洩氏、堵氏、石氏、司氏、燭氏、佚氏、褌氏、公息氏。〔註92〕

清人顧棟高《春秋大事表》卷十一《春秋列國姓氏表》中所輯錄的鄭國姬姓之氏有祭氏、原氏、子人氏、罕氏、良氏、游氏、國氏、駟氏、丘氏、國氏、駟氏、丘氏、豐氏、孔氏、然氏、羽氏，〔註93〕非姬姓之氏有洩氏、孔氏、皇氏、堵氏、石氏、侯氏、尉氏、司氏、子師氏。〔註94〕

〔註91〕 （漢）宋衷注，（清）秦嘉謨等輯《世本八種・王梓材撰本》，北京：中華書局，2008 年 8 月，第 53 頁。

〔註92〕 （漢）宋衷注，（清）秦嘉謨等輯《世本八種・秦嘉謨輯補本》，北京：中華書局，2008 年 8 月，第 235～238、321、325、326、340～341 頁。

〔註93〕 （清）顧棟高《春秋大事表》，北京：中華書局，1993 年 6 月，第 1193～1199 頁。

〔註94〕 （清）顧棟高《春秋大事表》，北京：中華書局，1993 年 6 月，第 1187～1189 頁。

　　出土文獻所見鄭國人名所對應的姓氏大多都見於傳世文獻，以下是對這些姓氏以及所對應人物的整理與分析。以下所列姓氏按照其對應人物出現的大致時間順序進行排列。

　　（1）侯　氏

　　侯父盨中的「鄭大師小子侯父」，郭沫若云：「曰大師，曰小子，曰師者，蓋一人而兼三職，兼職之事，彝銘所習見。」〔註95〕傳世文獻中也有關於鄭國侯氏的記載，《世本‧秦嘉謨輯補本》載：「侯氏，其先出自周厲王之後，封于鄭，鄭共仲賜氏曰侯，厥後宣多以功佐國，因以爲氏。」〔註96〕侯氏出自周厲王，爲姬姓氏族。銘文中的侯父當爲器主之字，此種稱呼方式於金文中常見，如安父（安父簋）、友父（友父簋）等，但此人或許與鄭國的侯氏有關，古籍中常見以先人之字爲氏者，如鄭國的段氏便是以共叔段之字爲氏。據此，鄭國的侯氏或與此器銘文中所見侯父有關，其後人也許以其字爲氏。

　　（2）鄭　氏

　　叔夑父盨銘文中的「叔夑父」與「鄭季」當屬鄭氏，西周金文中有國名爲氏者，如虢氏、鄧氏、杜氏等，西周時期鄭國爲王畿內的封國，叔夑父盨中的「叔夑父」和「鄭季」抑或是以國名爲氏。銘文中「叔夑父」稱「叔」而「鄭季」稱「季」，叔夑父或爲鄭季的兄長。

　　此外，伯高父甗器主稱「鄭氏伯高父」，器主亦當屬鄭氏。此器年代爲春秋早期，銘文中的伯高父或爲叔夑父和鄭季之後。《世本‧秦嘉謨輯補本》云：「鄭氏，本自周宣王封母弟友於鄭，及韓滅鄭，子孫以國爲氏。」而叔夑父盨年代爲西周晚期，伯高父甗作器年代爲春秋早期，非韓滅鄭之後，據此，並非鄭滅於韓之後才有以鄭爲氏者，或許西周時期便有以鄭之國名爲氏者。

　　（3）夾　氏

　　夾膚盤或爲鄭夾氏之器，銘文中的「夾膚」爲鄭伯大小臣，以夾爲氏。傳世文獻中所見的鄭大夫剌張或屬夾氏，〔註97〕此剌張不知是否爲青銅器銘文中的夾膚之後。

〔註95〕郭沫若《兩周金文辭大系圖錄考釋》，北京：人民文學出版社，1982 年 10 月，第 80 頁。

〔註96〕（漢）宋衷注，（清）秦嘉謨等輯《世本八種‧秦嘉謨輯補本》，北京：中華書局，2008 年 8 月，第 236 頁。

〔註97〕（漢）宋衷注，（清）秦嘉謨等輯《世本八種‧秦嘉謨輯補本》，北京：中華書局，2008 年 8 月，第 326 頁。

（4）祭 氏

清華簡（陸）《鄭武夫人規孺子》篇中所載的「邊父」，上文已經對其身份和封邑進行了簡單的考證，陳偉先生認爲邊父即祭仲，此說甚是。《史記・十二諸侯年表》記載祭仲於鄭莊公元年（公元前 743 年）擔任鄭國執政，《鄭武夫人規孺子》篇記載的便是鄭莊公元年之事，簡文所載邊父的言行非常符合其鄭國執政的身份。《禮記》稱「五十以伯仲」，「祭仲」應當是邊父五十歲之後的稱呼。

祭爲祭仲之氏稱，據顧棟高之說，「鄭本畿內諸侯，疑祭氏、原氏即周祭伯、原伯之後仕于鄭者。」〔註 98〕祭仲或爲祭伯之後，至鄭國爲卿。鄭之祭氏屬姬姓氏族。

（5）高 氏

清華簡（貳）《繫年》第二章中有「高之巨爾」，即傳世文獻中所見的「高渠彌」。《左傳・桓公十七年》：「初，鄭伯將以高渠彌爲卿，昭公惡之，固諫，不聽。昭公立，懼其殺己也，辛卯，弒昭公而立公子亹。」《左傳・桓公十八年》：「秋，齊侯師于首止。子亹會之，高渠彌相。七月戊戌，齊人殺子亹，而轘高渠彌。」清華簡《繫年》第二章記載：「其大夫高之巨（渠）爾（彌）殺昭公而立其弟子眉壽。齊襄公會諸侯于首止，殺子眉壽，車轘高渠彌。」《左傳》與《繫年》的記載一致，簡文「高之巨爾」即「高渠彌」，「子眉壽」即「子亹」。

高渠彌當以高爲氏，春秋時期的人名有以「氏＋之＋名」的方式構成者。如《左傳・僖公三十年》所載的「燭之武」。《繫年》稱「高之渠彌」，則高爲其氏，渠彌爲其名。

（6）妘 姓

叔上匜銘文云：「鄭大內史叔上作叔妘媵匜」，銘文中的叔上擔任鄭大內史一職，此器爲叔上爲其女叔妘所作的媵器。春秋時期男子稱氏，女子稱姓。叔上當爲妘姓，至於叔上的氏，尚無從考證。

（7）子人氏

清華簡（陸）《鄭文公問太伯》載：「子人成子既死，太伯當邑。」子人成子，以子人爲氏，「成」爲其謚號，稱呼方式爲「氏＋謚＋子」。原整理者

〔註98〕 （清）顧棟高《春秋大事表》，北京：中華書局，1993 年 6 月，第 1193 頁。

認爲「子人成子」即傳世文獻所見「子人語」。〔註99〕此說並無疑議。《春秋・桓公十四年》:「夏五,鄭伯使其弟語來盟。」《左傳・桓公十四年》:「夏,鄭子人來尋盟,且修曹之會。」楊伯峻注曰:「子人是鄭伯弟語之字,故其後人以字爲氏。」〔註100〕《左傳》中的子人語爲鄭莊公之子,鄭厲公之弟。此外,《左傳・僖公七年》中的「子人氏」以及《左傳・僖公二十八年》中的「子人九」均爲子人語之後。子人氏出自鄭莊公,爲姬姓氏族。

(8) 孔　氏

清華簡（陸）《鄭文公問太伯》篇中有「孔甼（叔）」,此人亦見於《左傳》僖公三年、五年和七年。《左傳》中記載孔叔曾三次勸諫鄭文公。此人的稱呼方式爲「氏＋行第」。《左傳・僖公七年》鄭太子華曰:「洩氏、孔氏、子人氏三族實違君命。」簡文中的「孔叔」則是以孔爲氏,孔氏非姬姓氏族,其姓暫不可考。

(9) 佚　氏

清華簡（陸）《鄭文公問太伯》篇中有「佚之夷」,此人的稱呼方式爲「氏＋之＋名」。《左傳・僖公三十年》載佚之狐舉薦燭之武退秦師。馬楠先生認爲簡文中的「佚之夷」與傳世文獻所見之「佚之狐」並非一人。〔註101〕簡文所記爲鄭文公早期,而魯僖公三十年已經是鄭文公四十三年,按時間推算,「佚之夷」與「佚之狐」爲同一人的可能性不大。而且古書中未見「夷」和「狐」相通之例,所以「佚之夷」和「佚之狐」當非一人。簡文中的「佚之夷」和《左傳》中的「佚之狐」均屬鄭國之佚氏。佚氏非姬姓氏族,其姓尙無從考證。

(10) 師　氏

清華簡（陸）《鄭文公問太伯》篇有「師之佰鹿」,《左傳・僖公七年》管仲稱「叔詹、堵叔、師叔三良爲政」,其中「師叔」與簡文中的「師之佰鹿」當爲同一人。簡文中的稱呼方式爲「氏＋之＋名」,《左傳》中的稱呼方式爲「氏＋行第」。此人爲鄭國之師氏,其姓無從考證。

〔註99〕清華大學出土文獻研究與保護中心編,李學勤主編《清華大學藏戰國竹簡（陸)》,上海:中西書局,2016 年 4 月,第 120 頁。

〔註100〕楊伯峻《春秋左傳注》,北京:中華書局,2015 年 10 月,第 140 頁。

〔註101〕馬楠《清華簡〈鄭文公問太伯〉與鄭國早期史事》,《文物》2016 年第 3 期,第 85 頁。

（11）堵　氏

清華簡（陸）《鄭文公問太伯》篇有「堵之俞彌」，原整理者據此指出舊說中的一處錯誤，《左傳·僖公二十四年》：「鄭公子士洩堵俞彌帥師伐滑」，舊說斷作「鄭公子士、洩堵俞彌帥師伐滑」，以「洩堵」爲俞彌之氏。舊說多是根據《左傳·宣公三年》稱鄭文公「娶于江，生公子士。」而根據簡文可知舊說之誤，《左傳》原文當在公子士洩後斷讀。〔註102〕傳統說法認爲鄭國的堵氏別爲洩氏，這也是由於《左傳》斷讀的失誤而引起，據簡文可知，鄭國的堵氏與洩氏不能混爲一談，王梓材《世本集覽》言洩氏別爲堵氏之說是錯誤的。簡文「堵之俞彌」即爲傳世文獻中的「堵俞彌」。《左傳·僖公七年》管仲所稱鄭國「三良」中的「堵叔」當爲堵俞彌，以堵爲氏。至於堵氏爲何姓，尚不得知。

（12）印　氏

鄭子石鼎中的「鄭子石」，「子石」當爲器主之字。《左傳·襄公二十七年》：「鄭伯享趙孟于垂隴，子展、伯有、子西、子產、子大叔、二子石從。」杜預注：「二子石，印段、公孫段。」楊樹達先生認爲鄭子石鼎爲二子石之一所鑄。〔註103〕其中印段屬印氏，而公孫段屬豐氏。《左傳·襄公二十二年》：「鄭公孫黑肱有疾，歸邑于公，召室老、宗人立段。」楊伯峻《注》曰：「段，黑肱之子。《說文》作公孫破。杜氏《世族譜》謂印段字子石，諡曰獻子。《廣韻》印字《注》云：『印段出自穆公子印，以王父字爲氏。』」〔註104〕印氏出自鄭穆公，屬鄭國七穆之一，爲姬姓氏族。

（13）良　氏

上博簡《鄭子家喪》：「鄭人命以子良爲質」，簡文中「子良」即爲公子去疾，鄭穆公之庶子，鄭靈公與鄭襄公之弟。《左傳·宣公四年》：「鄭人立子良。辭曰：『以賢，則去疾不足；以順，則公子堅長。』乃立襄公。」子良，即公子去疾，在鄭國歷史上是個非常重要的人物，鄭靈公死後，曾讓位於鄭襄公。魯宣公十二年，楚莊王率軍攻破鄭國，子良出質楚國。據《左傳》等傳世文

〔註102〕清華大學出土文獻研究與保護中心編，李學勤主編《清華大學藏戰國竹簡（陸）》，上海：中西書局，2016 年 4 月，第 123～124 頁。
〔註103〕楊樹達《積微居金文說》，上海：上海古籍出版社，2013 年 9 月，第 164～165 頁。
〔註104〕楊伯峻《春秋左傳注》，北京：中華書局，2015 年 10 月，第 1068 頁。

獻記載，子良爲當時鄭國的重臣。《世本·秦嘉謨輯補本》云：「穆公生子良去疾，去疾生子耳輒，輒生伯有霄，霄生止。」〔註 105〕子良之後爲良氏，良氏屬於鄭國七穆之一，爲姬姓氏族。

良夫盤和良夫匜這兩件青銅器當爲鄭國良氏之器，銘文中的「鄭武公之孫聖伯之子良夫」則是出自鄭國良氏，銘文中的孫指裔孫，並非是鄭武公的孫輩。黃錦前認爲銘文中的「聖伯」爲伯有，器主爲伯有之子。〔註 106〕此說尚有待考證，但此二器爲鄭國良氏之器無疑。

馬王堆帛書《春秋事語·伯有章》中的伯有，即鄭大夫良宵，鄭穆公的曾孫，曾擔任鄭國執政。伯有在鄭國有非常大的勢力，但沉溺於飲酒，殆於政事，又與鄭國其他世族結怨，最終下場淒慘，《春秋事語·伯有章》所載便是此事。

以上所列《鄭子家喪》中的「子良」、《春秋事語·伯有章》中的「伯有」，良夫盤和良夫匜中的「聖伯」和「良夫」均屬於鄭國之良氏。

（14）國　氏

馬王堆帛書《春秋事語·伯有章》、清華簡（參）《良臣》、清華簡（陸）《子產》篇都有關於子產的記載。

《世本·秦嘉謨輯補本》：「鄭穆公生子國發惠子，發生子產僑簡成子，僑生子思參桓子，參生子玉珍，珍生子樂卑顯莊子。」〔註 107〕子產即公孫僑，子國之子，鄭穆公之孫，鄭襄公三十年，鄭子皮授子產政。

子產爲鄭國名相，也是春秋時期著名的聖人，幾乎可與魯國的孔子比肩。子產治鄭亦是卓有成效，使得鄭國隱隱有中興之勢。子產出自國氏，鄭穆公之子公子發字子國，其後人以國爲氏，國氏亦爲鄭國七穆之一，爲姬姓氏族。

（15）豐　氏

上文所提及的鄭子石鼎中的「子石」，楊樹達先生認爲銘文中的子石爲印段、公孫段二人之一，二人均字子石。印段出自印氏，而公孫段則是出自豐氏。

〔註 105〕（漢）宋衷注，（清）秦嘉謨等輯《世本八種·秦嘉謨輯補本》，北京：中華書局，2008 年 8 月，第 175 頁。

〔註 106〕黃錦前《鄭人金文兩種讀釋》，復旦大學出土文獻與古文字研究中心網，2016年 1 月 14 日，http://www.gwz.fudan.edu.cn/SrcShow.asp?Src_ID=2725

〔註 107〕（漢）宋衷注，（清）秦嘉謨等輯《世本八種·秦嘉謨輯補本》，北京：中華書局，2008 年 8 月，第 175 頁。

《世本・秦嘉謨輯補本》：「穆公生子豐平，豐平生伯石段景伯，段生子旗施。」〔註108〕公子豐爲鄭穆公之子，其後以豐爲氏，豐氏屬於鄭國七穆之一，爲姬姓氏族。

（16）罕　氏

清華簡（叁）《良臣》篇中有「子皈（皮）」，據簡文記載爲鄭定公之相。子皮亦見於傳世文獻，是鄭國歷史上的重要人物。子皮即罕虎，出自鄭國七穆之一的罕氏。鄭穆公子喜字子罕，其後以其字「罕」爲氏，子皮爲子罕之孫。《左傳襄公二十六年》：「叔向曰：『鄭七穆，罕氏其後亡者也，子展儉而壹。』」罕氏得鄭國之民，常執掌鄭國之政。

清華簡《繫年》第二十三章記載太宰欣取鄭之事，簡文中的「太宰欣」「子陽」亦見於傳世文獻，《韓非子・說難》載：「若夫齊田恒、宋子罕、魯季孫意如、晉僑如、衛子南勁、鄭太宰欣、楚白公、周單荼、燕子之，此九人者之爲其臣也，皆朋黨比周以事其君，隱正道而行私曲，上逼君，下亂治，援外撓內，親下而謀上，不難爲也……」，又載：「鄭子陽身殺，國分爲三」。童書業先生認爲太宰欣、子陽或爲罕氏之後，太宰欣或即子陽，或爲子陽之黨。〔註109〕

（17）游　氏

清華簡（叁）《良臣》篇中的「子大叔」亦見於傳世文獻，是鄭國歷史上的重要人物。《左傳・襄公二十二年》：「子展廢良而立大叔。」楊伯峻注曰：「大叔即游吉，亦公孫蠆子，游皈之弟。」〔註110〕子大叔即鄭國游氏之游吉，游氏亦爲鄭國七穆之一。鄭穆公生公子偃，字子游，其後人以游爲氏。

（18）羽　氏

清華簡（叁）《良臣》篇所載「子產之輔」以及清華簡（陸）《子產》篇中子產所設「六輔」中都包括子羽，子羽亦見於傳世文獻記載，《漢書・古今人表》「中上」作「行人子羽」，「行人」即外交官。

《左傳・襄公三十年》：「羽頡出奔晉，爲任大夫。」杜預注：「羽頡，子羽孫。」顧棟高按：「此子羽是鄭穆公之子，其行人子羽，則鄭之公孫也。」

〔註108〕（漢）宋衷注，（清）秦嘉謨等輯《世本八種・秦嘉謨輯補本》，北京：中華書局，2008年8月，第176頁。

〔註109〕童書業《春秋左傳研究》，北京：中華書局，2006年8月，第264～265頁。

〔註110〕楊伯峻《春秋左傳注》，北京：中華書局，2015年10月，第1070頁。

〔註 111〕楊伯峻注曰：「羽頡即馬師頡，馬師是其官，羽乃其氏，以其祖子羽爲氏。」〔註 112〕鄭穆公之子子羽於成公十三年被殺，簡文中的子羽當如清人顧棟高所說，爲行人子羽，是鄭之公孫。鄭國之羽氏爲穆公子子羽之後，爲姬姓氏族。

（19）然　氏

清華簡（叁）《良臣》篇中有「蔑明」，《子產》篇作「𡡓明」，原整理者釋作「蔑明」，即鬷蔑，或稱鬷明、然明。〔註 113〕《左傳・襄公十九年》載子然之子子革奔楚，爲右尹。《左傳・昭公四年》：「然丹城州來」，杜預注：「然丹，鄭穆公孫是也。」然氏爲鄭子然之後，爲姬姓氏族，簡文中的「蔑明」「𡡓明」即傳世文獻中的然明，然明或爲子然之後，以然爲氏。

（20）裨　氏

清華簡《良臣》與《子產》篇中均有「卑登」，屬於子產之輔。卑登即《左傳》《論語》中的裨諶，《漢書・古今人表》作卑湛。此人蓋以卑（裨）爲氏，其姓尚不可考。

（21）富　氏

清華簡《良臣》篇有「富之厦」，《良臣》篇作「佸之支」，原整理者認爲此人爲《左傳・昭公十六年》諫子產的富子，簡文「厦」讀作「鞭」，「支」從「卞」得聲，「鞭」與「卞」讀音相近。簡文中的稱呼方式爲「氏＋之＋名」，富爲此人之氏，此人之姓暫不可考。

（22）皇　氏

清華簡（貳）《繫年》第二十三章鄭國四將軍之一「皇子」當屬鄭國之皇氏。《左傳・僖公二十四年》載鄭伯問禮於皇武子，皇武子爲鄭大夫，其後有皇戌、皇辰、皇耳、皇頡。簡文中的皇子也當屬鄭國之皇氏。

2. 不見於傳世文獻的姓氏

（1）同　氏

鄭同媿鼎中的「鄭同媿」爲嫁於鄭同氏的媿姓女子，且稱鄭同氏者於金

〔註 111〕（清）顧棟高《春秋大事表》，北京：中華書局，1993 年 6 月，第 1198～1199 頁。

〔註 112〕楊伯峻《春秋左傳注》，北京：中華書局，2015 年 10 月，第 1178 頁。

〔註 113〕清華大學出土文獻研究與保護中心編，李學勤主編《清華大學藏戰國竹簡（叁）》，上海：中西書局，2012 年 12 月，第 162 頁。

文中也僅此一例。陳槃先生言：「國君由於益地或遷居而有二氏，自古固有其例，商曰『殷商』，周曰『岐周』，楚曰『楚荊』，或曰『荊楚』，杜曰『唐杜』，樊曰『陽樊』，田敬仲之後曰『齊田』。大夫亦然，吳公子季札初食延陵稱『延陵季子』，繼食州來稱『延州來季子』。」〔註114〕由是觀之，鄭同氏當爲同氏的一個分支，因居於鄭地而稱「鄭同」。此外，青銅器銘文中的「鄭虢」「鄭井（邢）」之稱的由來也與此同。

（2）虢 氏

鄭虢仲簋、鄭虢仲悆馭鼎均爲虢氏之器，且鄭虢仲簋與鄭虢仲悆馭鼎之器主或爲同一人，虢仲屬虢氏中居鄭者，遂稱鄭虢仲，名悆馭。西周時期王畿內有虢國，稱虢氏者，當是以地名爲氏。據以上所引陳槃先生的說法，稱鄭虢氏者或是虢氏之卿大夫遷居鄭地而稱「鄭虢」。清華簡《良臣》篇載：「鄭桓公與周之遺老：史全（伯）、宦中（仲）、虢叔、土（杜）伯。」據清華簡原整理者之說，其中虢叔或爲《國語·周語上》宣王卿士虢文公。此虢叔或與鄭虢氏有關。

（3）登（鄧）氏

鄭登伯鼎、鄭登伯鬲、鄭登伯盨、鄭登叔盨均爲鄭登氏之器，據馬承源先生之說，登即鄧，爲西周封國，以國爲氏。〔註115〕而稱鄭登氏者，蓋爲遷居鄭地之故。《左傳·桓公十年》：「鄭祭足有寵于莊公，爲公娶鄧曼。」杜預注：「曼，鄧姓。」春秋時期，女子稱姓，鄧爲國名，曼爲鄧國之姓。據清人顧棟高之說，曼姓蓋出自商。〔註116〕青銅器銘文中的虢氏、鄭氏、邢氏皆是以國名爲氏，那麼銘文中的登或即鄧，同樣是以國名爲氏，鄧氏爲曼姓氏族。

吳鎮烽《商周青銅器銘文暨圖像集成》05581 鄭登叔盨蓋銘作「鄭登叔作旅盨，及子子孫孫永寶用」，器銘作「鄭義羌父作旅盨，子子孫孫永寶用」。鄭登叔和鄭義羌父或均爲器主的稱呼，若鄭登叔與鄭義羌父爲同一人，那麼鄭義羌父盨（《集成》04392）和鄭義羌父盨蓋（《集成》04393）應當均爲鄭鄧氏之器，而非義氏之器。吳鎮烽言鄭義羌父與鄭義伯或爲一人恐怕不妥。〔註117〕

〔註114〕陳槃《春秋大事表列國爵姓及存滅表撰異》，上海：上海古籍出版社，2009年 11 月，第 83 頁。

〔註115〕馬承源《商周青銅器銘文選》，北京：文物出版社，1988 年 4 月，第 326 頁。

〔註116〕 （清）顧棟高《春秋大事表》，北京：中華書局，1993 年 6 月，第 1157 頁。

〔註117〕吳鎮烽《金文人名彙編（修訂本）》，北京：中華書局，2006 年 8 月，第 324～325 頁。

（4）義　氏

鄭義伯盨、鄭義伯匜、鄭義伯罍皆當爲鄭義氏之器，鄭義伯蓋爲鄭大夫，義爲其氏，鄭義伯匜和鄭義伯罍銘文中的季姜當爲鄭義伯的夫人，可見西周晚期鄭國義氏與姜姓有婚姻關係。

（5）姜　氏

鄭姜伯鼎銘中的「鄭姜伯」當以姜爲氏，西周時期姜姓爲僅次於姬姓的第二大姓，但是西周時期男子稱氏不稱姓，所以銘文中的姜應當不是姜姓，而是鄭姜伯的氏。吳鎮烽先生認爲此鄭姜伯或與鄭羗伯鬲銘文中的鄭羗伯爲同一人，此說並無明確證據，〔註118〕但也不排除這種可能，「姜」與「羗」字均從「羊」得聲，兩字讀音相近，銘文中的「姜」或與「羗」通。

（6）羗　氏

青銅器銘文中的「鄭姜伯」與「鄭羗伯」或許爲同一人，但並無明確證據，所以此處將羗氏單獨列出。鄭羗伯鼎中的「鄭羗伯」屬西周晚期鄭國羗氏，銘文中的「季姜」當爲羗伯的夫人。

（7）棥　氏

鄭棥叔賓父壺銘文中的「鄭棥叔賓父」當屬鄭國之棥氏，字賓父。

（8）邢　氏

鄭邢叔鐘和鄭邢叔甗爲西周晚期青銅器，鄭叔歡父鬲和鄭邢叔歡父鬲均爲春秋早期之器，此四件青銅器皆當爲鄭邢氏之器。按吳鎮烽先生之說，青銅器銘文中的鄭邢叔歡父與鄭叔歡父或爲同一人。〔註119〕邢爲西周時期的封國，邢氏應當是以國名爲氏者，邢氏中遷居鄭地者稱「鄭邢氏」。邢國亦爲姬姓國，邢氏當爲姬姓氏族。

（9）馘　氏

鄭馘句父鼎銘文中的「鄭馘句父」，句父爲字，馘當爲此人之氏。郭沫若認爲銘文「馘」蓋爲「戎」字之異，從戈用聲。〔註120〕楊樹達據《說文‧力部》勇或作馘，銘文「馘」字仍當釋作「勇」。〔註121〕銘文中之「馘」爲

〔註118〕吳鎮烽《金文人名彙編（修訂本）》，北京：中華書局，2006年8月，第324頁。

〔註119〕吳鎮烽《金文人名彙編（修訂本）》，北京：中華書局，2006年8月，第323頁。

〔註120〕郭沫若《兩周金文辭大系圖錄考釋》，北京：人名文學出版社，1982年10月，第180～181頁。

〔註121〕楊樹達《積微居金文說》，上海：上海古籍出版社，2013年9月，第232頁。

鄭鹹句父之氏，當無疑義。《說文》勇之或體作「勈」，伯勇父盨銘文中「勇」字作「勈」，由此觀之，「鹹」當讀作「勇」。然據傳世文獻記載，鄭國並無勇氏。據《左傳‧桓公十五年》載：「祭仲專，鄭伯患之，使其壻雍糾殺之。將享諸郊。雍姬知之⋯⋯遂告祭仲曰：『雍氏舍其室而將享子於郊，吾惑之，以告。』」，知鄭國有雍氏。雖無「勇」與「雍」二字互通之例，但二字上古音同屬以母東部，兩字讀音相同，銘文「鹹」或爲「雍」之同音假借字。雖無明確證據，但此器銘文中的「鹹」或用作「雍」。

（10）伯　氏

鄭伯氏士叔皇父鼎銘文中的「鄭伯氏士叔皇父」，叔爲行第，皇父當爲其字，器主爲鄭國早期人，是鄭伯氏的士。傳世文獻中並無鄭伯氏的記載，據此青銅器銘文可知鄭國有伯氏。春秋時期有以行第爲氏者，如魯國的仲氏、叔氏、仲孫氏、叔孫氏、季孫氏。春秋時期的諸侯君繼承制度爲嫡長子繼承制，伯氏或爲春秋早期某位鄭國國君庶兄的後人。

（11）召　氏

召叔山父簠銘文中的「鄭伯大司工召叔山父」，司工即司空，此件青銅器器主的稱呼方式爲「官職＋氏＋行第＋字」，召叔山父當以召爲氏，字山父，擔任鄭國大司空。傳世文獻中並未記載鄭國有召氏，此「召叔山父」當出自周王室之召氏，爲周武王弟召公之後。

（13）杜　氏

清華簡《良臣》篇中的土罍，《子產》篇作「圿罍」，原整理者釋作「杜逝」，此人爲「子產之師」「老先生之後」。簡文中的杜逝當屬杜氏，而傳世文獻中並未記載鄭國有杜氏。據《良臣》記載：「鄭桓公與周之遺老：史伯、宧仲、虢叔、土（杜）伯，後出邦」，其中的杜伯，原整理者稱爲周宣王時臣，《國語‧周語上》「杜伯射王于鄗」，韋昭注：「杜國，伯爵，陶唐氏之後也。」《古今人表》「中中」有杜伯，則係此杜伯之後。[註122] 簡文中的杜逝或爲杜伯的後人，爲陶唐氏之後，爲祁姓氏族。

（14）桑丘氏

清華簡《良臣》篇「子產之師」有王子伯願、肥仲、杜逝、鼅斤；《子

〔註122〕清華大學出土文獻研究與保護中心編，李學勤主編《清華大學藏戰國竹簡（叁）》，上海：中西書局，2012 年 12 月，第 161 頁。

產》篇「老先生之後」有桑丘仲文、杜逝、肥仲、王子伯願。兩篇簡文中均有王子伯願、肥仲、杜逝三人，且《良臣》與《子產》篇中的「子產之輔」和「六輔」也完全能對應，所以，《良臣》之「𪔂𨸂」與《子產》之「桑丘仲文」當爲同一人。

關於「𪔂𨸂」，周飛認爲簡文「𨸂」當爲「罕」之異體字，𪔂𨸂疑爲子展。子展早於子產當國，可爲子產師。〔註 123〕袁金平認爲𪔂𨸂或爲與子產同時的「渾罕」，渾罕即鄭國游氏之游速，字子寬。〔註 124〕周飛將「𨸂」讀爲「罕」之說可從，但僅據「罕」推論𪔂𨸂爲子展恐有不妥。而袁金平認爲𪔂𨸂爲游速，而此人首見於《左傳・昭公四年》，游速爲子大叔之子，子產與其游速祖父公孫蠆同輩，而簡文中的𪔂𨸂爲子產之師，按游速所處年代與輩分，其爲子產師恐怕不妥。

𪔂𨸂即桑丘仲文，以桑丘爲氏。《拾遺記・少昊》：「皇娥生少昊，號曰窮桑氏，亦曰桑丘氏。至六國時，桑丘子著陰陽書，即其餘裔也。」〔註 125〕桑丘仲文即少昊之後。

（15）王子氏

清華簡《良臣》《子產》兩篇中均有「王子伯願」「王子百」，清華簡原整理者言「鄭有王子氏」〔註 126〕，此說可從。傳世文獻中有「王子伯廖」和「王子伯駢」與鄭國密切相關。

《左傳・宣公七年》：「鄭公子曼滿與王子伯廖語，欲爲卿。伯廖告人曰：『無德而貪，其在周易豐䷶之離䷝，弗過之矣。』間一歲，鄭人殺之。」杜預注：「二子，鄭大夫。」清人沈欽韓、惠士奇認爲王子伯廖爲周人，而非鄭大夫。楊伯峻《春秋左傳注》云：「周自有王子，楚自稱王，亦有王子；然列國亦有王子，文十一年傳齊有王子成父，襄八年及十一年傳鄭有王子伯駢，則此王子伯廖或亦是鄭大夫。俞樾《平議》謂此王子伯廖實爲楚大夫，

〔註 123〕周飛《清華簡〈良臣〉篇箚記》，清華大學出土文獻研究與保護中心網，2013 年 1 月 8 日，http://www.ctwx.tsinghua.edu.cn/publish/cetrp/6842/2013/20130108220711103193411/20130108220711103193411_.html

〔註 124〕簡帛論壇《清華簡三〈良臣〉箚記》3 樓袁金平發言，簡帛網，發表日期：2013 年 1 月 9 日。

〔註 125〕（東晉）王嘉撰，蕭綺錄，齊治平校注《拾遺記》，北京：中華書局，1981 年 6 月，第 13 頁。

〔註 126〕清華大學出土文獻研究與保護中心編，李學勤主編《清華大學藏戰國竹簡（叁）》，上海：中西書局，2012 年 12 月，第 162 頁。

無據。」〔註127〕

　　於《左傳》中稱王子者，當有以下三種可能：一、此人確為周王子；二、此人以王子為氏，如《左傳·文公十一年》所見齊王子成父，此人或以王子為氏；三、此人為楚、吳、越等南方諸侯國的王子，如《左傳·襄公二十六年》所載的「王子圍」為楚康王之子；《左傳·哀公八年》所見的王子姑曹、《左傳·哀公十三年》所見的王子地為吳王子。

　　《左傳》載鄭公子曼滿與王子伯廖言欲為卿，大多數學者讚同王子伯廖為鄭大夫之說，有學者指出公子曼滿若與身為周王子的伯廖語想要做卿，斷不可信，王子伯廖實為鄭大夫。〔註128〕但筆者認為，王子伯廖為周大夫的可能性最大，何以鄭國公子與周王子言想要做卿便不可信。《國語·周語中》便記載晉國卿大夫郤至與邵桓公言想要升任晉國新軍正卿，邵桓公轉告單襄公，單襄公預言郤至「兵在其頸，不可久也。」郤至第二年便為晉厲公所殺。郤至為晉國卿士，邵桓公為周王叔，既然有諸侯國之卿大夫對周王叔言欲升任新軍正卿的記載，那麼也應當存在諸侯國的公子向周王子言欲為卿的可能。雖然《左傳》中關於公子曼滿與王子伯廖之事的記載非常簡短，並未交代此事的背景，但是此事的過程、結果與《國語》中所載的「單襄公論郤至佻天之功」非常相似。傳世文獻中有很多諸侯國公子出使周王室的記載，鄭公子曼滿也很有可能在出使周王室之時與身為周王子的王子伯廖言想要為卿，希望得到王子伯廖的幫助。而且，先秦時期，列國卿大夫有很多都是由周王室任命的，負有監國之責，《左傳·僖公十二年》載：「有天子之守國、高在」，杜預注：「國子、高子，天子所命齊守臣，皆上卿也」。國、高二氏在齊國擁有非常高的權力和地位，皆是由天子拜為上卿。據此，王子伯廖也很有可能屬於周王室任命的在鄭國之負有監國之責者。大概在當時任命高級卿大夫形式上依然需要周王室任命程序，鄭公子曼滿若是告訴身為周王子的王子伯廖想要為卿，或許是希望王子伯廖能從中周旋，助成此事。因此，王子伯廖的身份很有可能是周王子。

　　清華簡中的「王子伯願」疑即《左傳》中的「王子伯駢」。從音韻角度分析，「駢」字上古音屬並紐元部，而「願」字上古音屬疑紐元部，兩字讀

〔註127〕楊伯峻《春秋左傳注》，北京：中華書局，2009年10月，第689頁。
〔註128〕馮志燕《春秋時期政治預言研究》，長春：吉林大學2011年碩士學位論文，第29頁。

音相近，或可互通假借。「王子伯願」於清華簡《良臣》篇中被列爲「子產之師」。與王子伯駢的相關事件見於《左傳》襄公八年和十一年，王子伯駢爲鄭定公之良臣。子產於襄公三十年擔任鄭國執政，依據傳世文獻中人物出現的時間，王子伯駢可爲子產師。

據傳世文獻記載，王子伯駢爲鄭大夫無疑，且王子伯駢在鄭國的地位可能尚不及子展、子皮等人。而且清華簡中的「王子百」爲子產之輔，若是周王子地位在鄭國執政之下，恐怕於理不合。所以鄭國很有可能存在王子氏。

鄭國有王子氏有以下兩條例證：一、《左傳·文公十一年》有「齊王子成父」，《呂氏春秋·勿躬》《管子》《說苑》《新序》《竹書紀年》均有「王子成父」，《韓非子·外儲說左下》作「公子城父」。春秋時期有王氏，《王仲舒神道碑》云：「王氏皆王者之後。在太原爲姬姓，春秋時爲王子成父敗狄有功，因賜氏。」〔註129〕王子成父或爲周王子之後，《左傳》中記載其敗狄有功，或因此賜王氏。上文引陳槃先生之說，國君由於益地或遷居而有二氏，大夫亦然。據此，王子成父也很有可能是真正的周王子，因遷居齊國而稱「齊王子成父」，其後人以王子爲氏。

二、《左傳·文公三年》載：「夏四月乙亥，王叔文公卒，來赴，弔如同盟，禮也。」其中「王叔文公」，孔穎達《正義》曰：「王叔文公不知何王之子，字叔，遂以叔爲氏。」秦嘉謨推測王叔文公即僖公二十八年所載的王子虎，爲周釐王之子。其後以王叔爲氏，世爲周王之士。〔註130〕清人顧棟高言：「衛有公叔文子，此人蓋以王叔爲氏也。」〔註131〕雖然顧棟高之說無確實依據，但也不排除有這種可能。先秦時期有以先人之身份爲氏者，如司馬氏、司徒氏等，魯國有仲孫氏、叔孫氏、季孫氏等。衛國之始封君衛康叔爲周武王之同母少弟，周成王之王叔，周公且封衛康叔爲衛君時，其身份已經是周王室中的王叔。衛康叔的後人以衛康叔王叔的身份爲氏是很有能的。且衛有王孫賈，出自周頃王之後，其後有王孫綽。〔註132〕

〔註129〕（清）顧棟高《春秋大事表》，北京：中華書局，1993 年 6 月，第 1161～1162 頁。

〔註130〕（漢）宋衷注，（清）秦嘉謨等輯《世本八種·秦嘉謨輯補本》，北京：中華書局，2008 年 8 月，第 194 頁。

〔註131〕（清）顧棟高《春秋大事表》，北京：中華書局，1993 年 6 月，第 1159 頁。

〔註132〕（漢）宋衷注，（清）秦嘉謨等輯《世本八種·秦嘉謨輯補本》，北京：中華書局，2008 年 8 月，第 195 頁。

　　既然王叔、王孫之後可以其祖先的身份作爲氏，那麼周王子之後以王子爲氏也是有可能的。鄭國的始封君鄭桓公也曾是周王子。《史記・鄭世家》：「鄭桓公友者，周厲王少子而宣王庶弟也。」雖然關於鄭桓公是周厲王子還是周宣王子這一問題尚存在爭議，但是鄭桓公確爲周王子，鄭桓公之後人以鄭桓公王子的身份作爲氏也是非常有可能的。清華簡整理者言「鄭有王子氏」抑或是出於此番考慮。即使鄭國之王子氏並非鄭桓公之後也有可能是其他周王子之後，周王室也有可能將周王子派往諸侯國擔任監國之責，上文提到王子伯廖也有可能是周王室派往鄭國擔任監國之職者。鄭國的王子氏也有可能是楚王子之後，《左傳・僖公三十年》記載秦穆公使杞子、逢孫、楊孫戍守鄭國，實爲奪取鄭國。至春秋中後期，鄭國常依違於晉楚兩國之間，鄭國也是晉楚兩國爭相拉攏的對象，楚國爲加強對鄭國的控制，將自己的人安插到鄭國也是非常有可能的，楚國也很有可能將楚王子派往鄭國，其後代便以王子作爲氏。總之，鄭國應當是有王子氏存在的，至於王子氏爲周王子之後還是楚王子之後尚不明確。《左傳》中的王子伯駢，清華簡中的王子伯願、王子百都當屬鄭國之王子氏。

　　既然鄭國存在王子氏，那麼 1923 年出土於河南新鄭縣李家樓的王子嬰次爐以及現藏於故宮博物館的王子嬰次鐘也當爲鄭國王子氏之器。關於王子嬰次爐的歸屬問題，前輩學者們也是眾說紛紜。

　　關伯益將器銘釋作「王子𧹑次之庶盤」，並認爲器主是王子𧹑，周莊王少子王姚之子。〔註133〕首先關伯益給出的釋文有誤，所以在此基礎上得出的結論也是不可信的。

　　王國維認爲此器爲楚穆王子令尹子重之遺器，由於鄢陵之戰楚師戰敗遁逃，而將此器遺落在鄭國。〔註134〕楊樹達、馬承源、鄒芙都均從之說。據傳世文獻記載，鄢陵之役的時間爲魯成公十六年六月，爲盛夏時節。而王子嬰次爐當爲燎炭取暖之爐，夏季出征時攜帶冬季所用的暖爐，顯然是很不合理的，郭沫若先生也曾以此爲據推翻王國維之說。〔註135〕

　　王子嬰次爐出土於河南新鄭，新鄭爲鄭國之故地，此器爲鄭器的可能性

〔註133〕關伯益《新鄭古器圖錄》，北京：中華書局，1929 年。
〔註134〕王國維《王子嬰次爐跋》，《觀堂集林》，北京：中華書局，1959 年 6 月，第899～901 頁。
〔註135〕郭沫若《新鄭古器之一二考核》，《郭沫若全集・考古編第 04 卷・殷周青銅器銘文研究》，北京：人民文學出版社，1982 年 10 月，第 93～95 頁。

自然是最大的。郭沫若先生認爲王子嬰次爐中的「王子嬰次」當爲鄭子嬰齊，即傳世文獻中的鄭子嬰，《左傳》中又稱子儀，爲鄭莊公之弟。郭老認爲此器爲古者諸侯於國內稱王之說又多添一例證。〔註136〕陳槃、童書業均從之說，認爲鄭莊公於春秋初年行僭越之禮，於諸侯國內稱王。陳槃先生言：「彼列國諸侯已可以以國勢貧弱而自貶其稱，則亦可以以國力富強而自加尊號。……周自東遷以後，王綱解紐，諸侯各自爲政，有稱王者，尚何黜陟之可言？」並據王子嬰次爐和《越絕書外傳・記寶劍》：「晉鄭王聞而求之，不得，興師圍楚之城，三年不解。」認爲春秋時期鄭國確有僭越稱王之舉。〔註137〕

關於陳槃先生所引《越絕書》的原文，其中的「王」字當屬衍文，錢培名曰：「『晉鄭聞而求之不得』，『聞』下，《御覽》有『此三劍』三字。」李步嘉按：「《初學記》卷二《武部・劍門》引《越絕書》也作『晉鄭聞此三劍，求之，不得』。《藝文類聚》卷六六〇《軍器部・劍門》《文選》卷三五《七命》李善注引《越絕書》皆作『晉鄭聞而求之』，『晉鄭』下無『王』字。」〔註138〕對比其他古籍中的引文，《越絕書》「晉鄭王聞而求之」一句中的「王」字當屬衍文，陳槃先生所引文獻本身就存在錯誤，那在此基礎上得出的結論恐怕也是存在問題的。

且其他鄭國青銅器銘文中並未見稱鄭國國君爲「王」者，如鄭伯盤稱國君爲「鄭伯」，良夫盤、封子楚簠稱「鄭武公」，鄭莊公之孫鼎、鄭莊公之孫缶稱「鄭莊公」，並未見以「王」稱呼鄭君者。僅憑傳世文獻中鄭國有公子嬰便認爲器銘中的「王子嬰次」即爲鄭子嬰，並言鄭莊公僭越稱王，未免過於武斷。銘文中的「王子嬰次」恐怕並非鄭子嬰，春秋時期鄭國僭越稱王之說亦不可信。

雖然王國維所提出的王子嬰次爐爲楚令尹子重之器，因鄢陵之戰落敗遁逃而遺棄於鄭國的說法或許存在是問題的，但是如今大多數學者還是傾向於將王子嬰次爐認定爲楚器。據《張頷傳》中所記張頷先生的說法，春秋時期魯國奉行的是周曆而非夏曆，周人將十一月作爲正月，據此《左傳》中所記的時間比夏曆要早兩個月，魯人所記的六月相當於如今的農曆四月，而楚國

〔註136〕郭沫若《新鄭古器之一二考核》，《郭沫若全集・考古編第 04 卷・殷周青銅器銘文研究》，北京：人民文學出版社，1982 年 10 月，第 95、98 頁。

〔註137〕陳槃《春秋大事表列國爵姓及存滅表撰異》，上海：上海古籍出版社，2009 年 11 月，第 64～65 頁。

〔註138〕李步嘉《越絕書校釋》，北京：中華書局，2013 年 5 月，第 317 頁。

出軍又當早於這個時間，或許當時天氣尚冷，帶上暖爐出征也是有可能的。〔註139〕按照張頷的說法，郭沫若對王國維之說的反駁顯得證據不足。此外，楊樹達先生也認爲王子嬰次爐當屬楚器，並就此器流落鄭國的原因對王國維之說提出質疑：「彝器古人所重，上以之賜下，下以之獻上，與國以之爲酬酢，甲國之制不必恒在甲國，故也，亦不必制器者曾至乙國之人始能得其器也。蓋其變易遷流，不可紀極，據出土之地以定器之何屬，可以論其變。如器出一地，必求一事以實之，斯不免於鑿矣。」〔註140〕據楊樹達之說，青銅器在當時應當是存在一定的流通性，此器也有可能是由於賞賜、賄賂、盟會等原因而流落至鄭國。王國維言令尹子重由於鄢陵之戰將左軍宵遁而將此器遺落在鄭國或有穿鑿附會之嫌。

或許是受楊樹達先生之說的啓發，孔令遠認爲王子嬰次爐爲春秋晚期徐國之器，王子嬰次爐可能是由於盟會、征伐、賄賂等原因而流落至鄭國，〔註141〕此說亦是缺乏證據。

據以上所引諸位學者的觀點，不排除王子嬰次爐爲楚器的可能，即使不是楚國之器，也有可能是吳、越等南方諸侯國的王子所鑄之器，由於征伐、賞賜、賄賂等原因而落入鄭人之手。

但是以上所引張頷之說或許能給我們一點啓發，春秋時期魯人奉行周曆而非夏曆，據此，春秋時期各諸侯國所奉行的曆法或許存在差異，那麼各諸侯國金文中所採用的記時方式可能也會存在差別，出自同一諸侯國的青銅器銘文中所用的記時方式也會存在相似之處。王子嬰次爐與王子嬰次鐘的器主當爲同一人，王子嬰次鐘銘文作：「八月初吉，日隹（唯）辰。王子嬰次自乍（作）龢鐘，永用匽（宴）喜。」而鄭莊公之孫盧鼎首句作：「隹（唯）正六月吉日隹（唯）己」，此二器銘文中所用的記時方式相似，均是以「唯＋干支」的方式來表示日期。鄭莊公之孫盧鼎爲鄭器是毫無疑問的，據此，王子嬰次爐和王子嬰次鐘也非常有可能是鄭國之器。

此外，據清華簡整理者所言鄭有王子氏，且傳世文獻中的王子伯騈，清華簡中的王子伯願、王子百均當以王子爲氏，那麼王子嬰次爐與王子嬰次鐘銘文中的王子嬰次或許也是鄭國王子氏的一員，且此器的大致年代爲春秋中

〔註139〕韓石山《張頷傳》，太原：三晉出版社，2014年3月，第253～255頁。
〔註140〕楊樹達《積微居金文說》，上海：上海古籍出版社，2013年9月，第277頁。
〔註141〕孔令遠《王子嬰次爐的復原及其國別問題》，《考古與文物》2002年第4期，第33頁。

後期，與王子伯騏、王子百等人所處年代接近。據此似乎可以推斷王子嬰次爐當爲鄭國王子氏之器。

（16）子馬氏

清華簡《繫年》第二十三章中所載的鄭國四將軍爲「皇子、子馬、子池、子封子。」其中「皇子」的稱呼方式爲「氏＋子」，此春秋戰國時期卿大夫常用的稱謂，簡文中的「子馬」「子池」或爲字，董珊曾指出：「鄭帥『子馬』見於《集成》01798『子馬氏』鼎，是知該鼎屬戰國早期鄭。」此子馬鼎亦見於《商周青銅器銘文暨圖像集成》01089，吳鎮烽先生將銘文釋作「子首氏」。此器出土於安徽壽縣，爲春秋時期楚國故地，《繫年》中記載鄭帥子馬曾爲楚軍所俘，此子馬鼎或爲鄭帥子馬之器，在此役中爲楚軍所獲。或者是其後人以子馬爲氏，鄭滅於韓後子馬氏投奔楚國，子馬鼎爲清華簡中子馬之後人所鑄。蘇建洲亦言對比清華簡「皇子」「子封子」，則「子馬」「子池」亦不能排除漏抄「子」的可能，「子馬」和「子池」也可能是「氏」。〔註142〕以清華簡《繫年》和子馬鼎爲據，鄭國當有子馬氏。

（17）子池氏

上文言鄭國有子馬氏，那麼鄭國應當也有子池氏。

（18）封氏

清華簡（貳）《繫年》第二十三章有「子封子」，原簡中「封」字字形作「埄」，此字隸定作「坴」，簡文中「子封」或爲字，或爲氏稱。簡文中的「子封子」或與封子楚簠銘文中的「封子楚」相關。

封子楚簠的器主「封子楚」，黃錦前認爲此人出自鄭國七穆之一的豐氏。銘文「虢虢叔楚，剌之元子」之「剌」可能即鄭大夫豐卷。銘文中的「封」即「丰」，文獻或傳鈔作「豐」不確。〔註143〕銘文中「封子楚」的稱呼方式當爲「氏＋子＋名」，這種稱呼方式亦見於傳世文獻，如晉大夫介子推。然而黃錦前認爲封子楚之「封」爲鄭國豐氏之「豐」，此說不確。封子楚簠中「封」字字形作「埄」，與清華簡《繫年》「子封子」之「封」字形相同，均從「土」從「丰」。出土文獻中所見「豐」的字形，如豐尊銘文中「豐」字

〔註142〕蘇建洲、吳雯雯、賴怡璇《清華二〈繫年〉集解》，臺北：萬卷樓圖書股份有限公司，2013 年 12 月，第 898～899 頁。

〔註143〕黃錦前《鄭人金文兩種讀釋》，復旦大學出土文獻與古文字研究中心網，2016年 1 月 14 日，http://www.gwz.fudan.edu.cn/SrcShow.asp?Src_ID=2725

字形作「🝈」，王盉作「🝈」，包山楚簡作「豐」「豐」，上博簡《周易》篇作「🝈」，上博簡《容成氏》作「豐」，這些字形與「坴（封）」字存在較大差別。銘文中封子楚之氏當與清華簡中的「子封子」同，而且《繫年》第二十三章所記時間段爲楚聲王四年（公元前404年）至楚悼王四年（公元前398年），屬於戰國早期，此時鄭國早已無豐氏，因此子封子並非出自鄭國七穆之一的豐氏，那麼青銅器銘文所見的封子楚也並非出自豐氏。

據以上所論，子封子與封子楚應當皆是以「封」爲氏，且似可推斷封子楚當爲子封子之後。程浩認爲子封子和封子楚或爲同一人，爲楚聲王之士，至於銘文稱封子楚爲楚王之士而《繫年》中記載子封子爲鄭國四將軍之一率師與楚師交戰，或許和楚聲王死後楚國的內亂有關。《史記·楚世家》：「聲王六年，盜殺聲王，子悼王熊疑立。」楚聲王在位六年被盜殺或是君位爭奪的結果。《六國年表》載「王子定奔晉」，據《繫年》可知其爲楚王子。《繫年》第二十三章所記鄭楚之戰的前因就是「晉與鄭師以入王子定」。楚聲王死後，王子定在晉、鄭的支持下與楚悼王爭奪楚君之位，在這場君位之爭中，封子楚是王子定的支持者，失敗後逃回鄭國。楚師爲此出兵討伐鄭國時，或是由於封子楚熟悉楚國情況而被選爲四將軍之一。〔註144〕

但是筆者認爲封子楚爲子封子之子的可能性非常大，據《繫年》第二十三章記載，子封子曾因戰敗而被楚軍俘虜至楚國，封子楚名「楚」很有可能與此事相關。古人有以人生中所經歷的大事爲子孫後代命名者，如《左傳·襄公三十年》所載：「魯叔仲惠伯會郤成子于承匡之歲也。是歲也，狄伐魯，叔孫莊叔於是乎敗狄于鹹，獲長狄僑如及虺也、豹也，而皆以名其子。」魯叔孫莊叔就曾以戰爭中俘獲的狄師將領之名爲其子命名。同樣，子封子戰敗爲楚軍所俘，雖然子封子當以此事爲恥，但子封子也很有可能由於此事爲其子取名爲「楚」，以此來鞭策自己莫要忘記這次戰敗被俘之恥。

封子楚簠銘文云：「封子楚，鄭武公之孫，楚王之士」；「虢虢叔楚，剌之元子。」據銘文所提供的信息，封氏當出自鄭武公，爲姬姓氏族，封子楚稱「叔楚」，當爲剌的第三子，擔任楚王卿士。據上文所論，銘文中的剌，即封子楚的父親，當即清華簡《繫年》中的子封子，而且子封子爲楚軍所降時，封子楚應當尚未出生。封子楚爲楚王之士當在鄭滅於韓之後，鄭國之封

〔註144〕程浩《封子楚簠與〈繫年〉中的「子封子」》，華東師範大學歷史學系《第二屆出土文獻與先秦史研究工作坊論文集》，2017年11月18日，第54～57頁。

氏在滅國後投奔了楚國，封子楚也因此成為楚王之卿士。據《繫年》所載，子封子於楚悼王三年，即公元前 399 年為楚軍所降。公元前 375 年韓哀侯滅鄭，前後相距 24 年。按照時間來說，封子楚為子封子的兒子是完全有可能的。據此，出土文獻中的子封子即封子楚簋中的「刺」，其子為封子楚，兩人皆屬鄭國之封氏，韓哀侯滅鄭後，封氏投奔楚國。若以上所述不誤，那麼封子楚簋的年代當為戰國早期。

附錄：出土文獻中姓氏存疑的人物

出土文獻中所見的鄭國人物亦有姓氏無從考證者，現將這些姓氏不明的人物輯錄於下：

（1）鄭牧馬受，見於鄭牧馬受簋，名受，擔任鄭國牧馬之職。銘文中不見此人的姓氏，所以無從考證。

（2）鄭饔原父，見於鄭饔原父鼎，銘文作「奠饔邍父」。馬承源認為「饔」與「雍」通，此人屬鄭國之雍氏。此說恐怕不確，銘文中的「饔」為官職，與雍氏應當無關。《左傳·桓公十一年》：「宋雍氏女於鄭莊公，曰雍姞，生厲公。雍氏宗有寵於宋莊公，故誘祭仲而執之。曰：『不立突，將死。』亦執厲公而求賂焉，祭仲與宋人盟，以厲公歸而立之。」據《左傳》記載，鄭厲公的母親便是出自宋國的雍氏，而且鄭厲公成為鄭國的國君也是由於宋國雍氏威脅鄭國權臣祭仲。宋國雍氏為鞏固鄭厲公在鄭國的統治地位，很有可能會將自己的人安插在鄭國，因此，《左傳·桓公十五年》所見的雍糾很有可能出自宋國的雍氏，鄭厲公見祭仲威脅到自己的統治，讓宋國雍氏之人刺殺祭仲也是非常合情合理的。綜上所述，鄭國的雍氏應當是來自宋國，是鄭厲公母親雍姞的娘家人，與掌管鄭國公室烹飪諸事的饔人無關。銘文中的所見的鄭饔原父為鄭國公室的饔人，字原父，其姓氏暫不可考。

（3）鄭師原父，見於鄭師原父鬲，銘文作「奠師彖父」，字原父，「師」為其官職。據馬超之說，此鄭師原父或與鄭饔原父為同一人，身兼師、饔兩個職位。〔註 145〕

（4）寶登鼎和子耳鼎均出土於河南登封市告成鎮原窰村北春秋墓，寶登鼎銘文稱「鄭噩叔之子寶登」，子耳鼎銘文稱「鄭伯公子子耳」。既然二器同

〔註145〕馬超《春秋時期淮上方國金文研究》，合肥：安徽大學，2014 年碩士學位論文，第 16 頁。

出於一墓，那麼寶登和子耳當爲同一人，可能寶登爲墓主之名，而子耳爲墓主之字。銘文中的「鄭𥂕叔」爲寶登之父，前輩學者們對銘文中「鄭𥂕叔」的身份進行過推斷，張莉認爲鄭𥂕叔或爲共叔段，器主爲共叔段之子，叔鄭之段氏。〔註146〕馬超認爲銘文中的「（字形）」字當釋作「喪」，器主之父當稱爲「鄭喪叔」，此人或爲出質楚國的子良，即鄭公子去疾，而寶登則爲《左傳・襄公八年》所見的「子耳」，名公孫輒，屬鄭國七穆之一的良氏。〔註147〕但並無明確證據可證明銘文中的子耳即傳世文獻中所見之子耳。至於銘文中的「鄭𥂕叔」「寶登」「子耳」的身份究竟爲何，尚無明確結論。

（5）清華簡（陸）《鄭文公問太伯》篇中的「太伯」，李學勤先生認爲太伯可能是子人成子的長子，繼承其父之職治理封邑。既然子人成子爲傳世文獻中的子人語，與鄭莊公同輩，則太伯當爲鄭文公的同輩從兄弟，鄭文公卻稱其爲「伯父」，李學勤引楊伯峻之說，認爲「伯父」是對年長大夫的特定稱謂，與不是代表血緣上的親屬關係。〔註148〕

馬楠先生認爲簡文「太伯當邑」是指太伯繼子人成子爲鄭國執政，子人氏可能在子人語之後便不再主政了。〔註149〕

網友子居認爲「太伯」或許是《左傳・隱公五年》中的公子元，據《左傳》記載，鄭莊公除鄭莊公、鄭昭公、子亹、子嬰四子外，還有曼伯、子元二子。據《左傳・昭公十一年》所載，子元殺曼伯而危昭公，有功於鄭厲公，非常有可能受到重用，且按照輩分，鄭文公稱其爲「伯父」也是非常合理的。〔註150〕

依照王寧之說，簡文「太伯」的「太」字形作「夵」，當隸定作「犬」，此字與大小的「大」不是一個字，此字與「泄」相同，「泄」「洩」古字通用，

〔註146〕張莉《登封告成春秋鄭國貴族墓研究》，《中國歷史文物》2007 年第 5 期，第77～78 頁。

〔註147〕馬超《春秋時期淮上方國金文研究》，合肥：安徽大學，2014 年碩士學位論文，第 17～21 頁。

〔註148〕李學勤《有關春秋史事的清華簡五種綜述》，《文物》2016 年第 3 期，第 80頁。

〔註149〕馬楠《清華簡〈鄭文公問太伯〉與鄭國早期史事》，《文物》2016 年第 3 期，第 85 頁。

〔註150〕子居，《清華簡〈鄭文公問太伯（甲本）〉解析》中國先秦史網，2016 年 5 月1 日，http://xianqin.byethost10.com/2016/05/01/327?i=1

簡文中的「太伯」即「洩伯」，就是《左傳》中所載的洩駕。〔註151〕

簡文中太伯的「太」簡文寫作「夰」，與其他出土文獻中的「大」字均未見右上有一豎筆，此字或許並不是「大」字。但是將「夰伯」讀作「洩伯」，說此人是《左傳》所見的洩駕恐怕並不合理。據《左傳・僖公三十一年》「洩駕惡瑕，文公亦惡之，故公子瑕出奔楚」，洩駕因厭惡鄭公子瑕而使其出奔楚，可知洩駕不可能在鄭文公即位後不久就去世了。然而《鄭文公問太伯》中的「太伯」在文公即位之初便已身染重病，恐怕命不久矣，所以太伯會這般勸諫鄭文公。因此簡文中的太伯是洩駕的說法難以成立。

筆者認為網友子居的說法更為可信，「太伯」為「公子元」的可能性更大一些，但是缺少明確的證據。

（6）清華簡（陸）《鄭文公問太伯》中的「詹父」亦見於傳世文獻，此詹父當即《左傳・僖公七年》管仲所稱的「叔詹」，叔詹為此人之字，傳世文獻中常見以字稱呼其人者，如叔向、仲尼、伯有等。簡文中詹父的稱呼方式為「字＋尊號」，至於詹父的姓氏為何，暫不可考。

（7）肥仲，見於清華簡《良臣》篇和《子產》篇，為「子產之師」，「老先生之後」，傳世文獻中未見此人。

（三）涉及鄭國史出土文獻中不同於傳世文獻記載之處辨析

出土文獻中所載的大多數歷史事件也都見於傳世文獻。如馬王堆帛書《春秋事語・伯有章》所記鄭國執政伯有與子晳交惡，又飲酒無度，終招致災禍之事，亦見於《左傳》襄公二十九年和三十年。清華簡《繫年》第二章所記鄭大夫高渠彌殺鄭昭公而立子亹之事又見於《左傳》桓公十七年；齊襄公會諸侯於首止，殺子亹和高渠彌之事又見於《左傳》桓公十八年。《繫年》第六章所載晉文公過鄭，鄭文公不禮之事亦見於《左傳》僖公二十三年和《國語・晉語四》。《繫年》第八章所記秦、晉圍鄭，鄭人降秦不降晉，秦穆公舍戍於鄭，後又欲東襲鄭國之事亦見於《左傳》僖公三十年及三十二年。《繫年》第十一章所載楚穆王與宋公、鄭伯逐孟諸之麋事見於《左傳》文公十年。

〔註151〕王寧《清華簡六〈鄭文公問太伯〉之「太伯」為「洩伯」說》，簡帛網，2016年5月8日，http://www.bsm.org.cn/show_article.php?id=2547

《繫年》第十二章中厲之役，鄭成公逃歸的記載又見於《左傳》宣公十一年；楚莊王加鄭亂，晉成公會諸侯救鄭，卒於扈之事亦見於《左傳》宣公九年。《繫年》十三章以及上博簡《鄭子家喪》所載的楚圍鄭三月之事以及晉楚邲之戰，即兩棠之役，亦見於《左傳》宣公十二年。《繫年》第十六章所載晉楚鄢陵之戰亦見於《左傳》成公十五年。清華簡《鄭文公問太伯》篇所記鄭莊公逐王於葛之事亦見於《左傳》桓公五年；鄭昭公、鄭厲公諸兄弟鬥鬩之事亦見於《左傳》魯桓公十一年、十五年，莊公十四年。清華簡《子產》篇所載子產肄三邦之令、三邦之刑事亦見於《左傳》昭公六年。

出土文獻中所載史事亦有與傳世文獻所載不同者，《繫年》第十一章所載楚穆王與宋公、鄭伯逐孟諸之麋；《鄭子家喪》《繫年》第十三章所記晉楚邲之戰以及《繫年》第十六章所載晉楚鄢陵之戰皆與傳世文獻記載不同。

以下是對於出土文獻與傳世文獻記載不同之處的辨析：

1、厥貉之會

清華簡《繫年》第十一章記載楚穆王會諸侯於厥貉，欲伐宋。宋華孫元勞楚師，楚穆王與宋公、鄭伯田獵於孟諸。宋公違命，文之無畏抶宋公之御。此事亦見載於《左傳‧文公十年》，出土文獻與傳世文獻中關於此事的記載也存在些許差異。

《繫年》第十一章中關於此事的記載如下：

> 楚穆王八年，王會者（諸）侯于友〈罙（厥）〉奧（貉），酒（將）已（以）伐宋。宋右帀（師）芋（華）孫元欲裞（勞）楚帀（師），乃行，穆王思（使）毆（驅）梟（孟）者（諸）之麋，遷（徙）之徒萗（林）。宋公為左芋（盂），奠（鄭）白（伯）為右芋（盂）。繡（申）公弔（叔）侯智（知）之，宋公之車夢（暮）箪（駕），用覜（抶）宋公之馭（御）。

《左傳‧文公十年》中的相關記載如下：

> 陳侯、鄭伯會楚子于息。冬，遂及蔡侯次于厥貉，將以伐宋。
> 宋華御事曰：「楚欲弱我也，先為之弱乎？何必使誘我？我實不能，民何罪？」乃逆楚子，勞且聽命。遂道以田孟諸。宋公為右盂，鄭伯為左盂。期思公復遂為右司馬，子朱及文之無畏為左司馬，宋公違命，無畏抶其僕以徇。

兩相比較，不難發現其中的不同之處。《繫年》所載厥貉之會時間爲楚穆王八年（公元前 618 年），而左傳所載時間爲魯文公十年（公元前 617 年），前後相差一年。據孫飛燕之說，《繫年》中楚穆王的紀年有誤，據《史記·十二諸侯年表》，楚穆王九年爲魯文公十年，簡文「楚穆王八年」當改爲「楚穆王九年」。〔註152〕此外，簡文「宋公爲左盂，鄭伯爲右盂」與《左傳·文公十年》「宋公爲右盂，鄭伯爲左盂」不同。其中宋公爲宋昭公，鄭伯爲鄭穆公。杜預注云：「盂，田獵陣名。」楊伯峻注曰：「盂，取迂曲之義，蓋圓陣也，或曰左右和。」〔註153〕據《左傳·文公十年》記載，期思公復遂爲右司馬，子朱及文之無畏爲左司馬，文之無畏後又笞擊宋公之御，那麼宋公與文之無畏當在同一陣列中，而《左傳》中載宋公爲右盂，文之無畏爲左司馬，顯然是存在矛盾的。正如清人俞樾所言，文之無畏因宋公違命而抶其僕，自謂「當官而行」。〔註154〕如王紅亮之說，清華簡《繫年》所載宋公爲左盂，故左司馬文之無畏的抶其僕，預期自謂「當官而行」正可對應。〔註155〕綜合以上所論，《左傳》中的記載實誤，當從《繫年》正之。

2、邲之戰

晉、楚是春秋中後期最強大的兩個諸侯國，晉楚爭霸持續百餘年，城濮之戰、邲之戰以及鄢陵之戰是晉楚兩國之間最具代表性的三次戰役，清華簡《繫年》中皆亦有這三次戰役的相關記載。邲之戰、鄢陵之戰皆與鄭國密切相關，但傳世文獻與出土文獻中對於這兩次戰役的記載均存在不同之處。

楚莊王十七年（公元前 597 年），楚莊王率軍圍鄭三月而克之，鄭襄公祖衣牽羊以逆楚軍，哀求莊王講和，保留鄭國社稷。晉國發兵救鄭，楚軍於邲大敗晉軍，一雪城濮之戰敗北之恥。

清華簡《繫年》第十二、十三章和上博簡《鄭子家喪》均有晉楚邲之戰的相關記載，傳世文獻中對此役的記載見於《左傳》宣公九年、十一年和十二年。

〔註152〕孫飛燕《試談〈繫年〉中厥貉之會與晉吳伐楚的紀年》，復旦大學出土文獻與古文字研究中心網，2012 年 3 月 31 日，http://www.gwz.fudan.edu.cn/SrcShow.asp?Src_ID=1810

〔註153〕楊伯峻《春秋左傳注》，北京：中華書局，2009 年 10 月，第 577 頁。

〔註154〕（清）俞樾《子朱及文之無畏爲右司馬》，《茶香室經說·卷十四》，臺北：廣文書局，1971 年。

〔註155〕王紅亮《據清華簡〈繫年〉證〈左傳〉一則》，復旦大學出土文獻與古文字研究中心網，2013 年 4 月 23 日，http://www.gwz.fudan.edu.cn/SrcShow.asp?Src_ID=2037

《繫年》中關於厲之役和晉楚邲之戰的記載如下：

楚臧（莊）王立十又（有）四年，王會者（諸）侯（侯）于醴（厲），奠（鄭）成公自醴（厲）逃歸，臧（莊）王述（遂）加奠（鄭）𠭖（亂）。晉成公會者（諸）侯（侯）已（以）救（救）奠（鄭），楚𠂤（師）未還，晉成公𥝖（卒）于扈。

……〔臧（莊）〕王回（圍）奠（鄭）三月，奠（鄭）人爲成。晉中行林父衒（帥）𠂤（師）救（救）奠（鄭），臧（莊）王述（遂）北……〔楚〕人明（盟）。𨚵（趙）𦉮（旃）不欲成，弗卲（召），狀（射）于楚軍之門。楚人被軜（駕）已（以）𠂤（追）之，述（遂）敗晉𠂤（師）于河〔上〕……

《繫年》中對於此事的記載與傳世文獻亦存在些許差異，簡文所載亦可補充傳世文獻記載中的闕漏，糾正前人注疏中的錯誤。

簡文載楚莊王十四年（公元前 600 年），即魯宣公九年，莊王會諸侯於厲，鄭成公逃歸，莊王加鄭亂。《左傳・宣公九年》載：「楚子爲厲之役故，伐鄭。」《左傳・宣公十一年》：「厲之役，鄭伯逃歸。自是楚未得志焉。鄭既受盟于辰陵，又儌事于晉。」傳文並未交代厲之役的時間，杜預注云：「六年楚伐鄭，取成於厲。既成，鄭伯逃歸。事見十一年。」〔註 156〕杜注認爲厲之役即《左傳・宣公六年》所載「楚人伐鄭，取成而還」之事。據清華簡《繫年》可知，厲之役時間爲魯宣公九年，杜預之說不確。

清華簡《繫年》記載楚莊王加鄭亂，晉成公會諸侯救鄭，卒於扈。而《春秋・宣公九年》載：「晉侯、宋公、衛侯、鄭伯、曹伯會于扈。」《左傳》云：「會于扈，討不睦也。陳侯不會。晉荀林父以諸侯之師伐陳。晉侯卒于扈，乃還。」楊伯峻注曰：「七年黑壤之盟，所以謀不睦；此則會於扈，欲以討不睦。蓋此時晉、楚爭彊，諸侯之從楚者，即不睦于晉，故晉爲扈之會以討之。」〔註 157〕據《左傳》所載，晉成公因陳侯從楚不從晉，而使荀林父帥師伐陳，因晉成公卒於扈而退軍。楚子因厲之役伐鄭，晉郤缺救鄭，鄭伯敗楚師於柳棼之事在晉成公死後，與《繫年》所載存在明顯差異。

〔註 156〕楊伯峻《春秋左傳注》，北京：中華書局，2009 年 10 月，第 703 頁。
〔註 157〕楊伯峻《春秋左傳注》，北京：中華書局，2009 年 10 月，第 701 頁。

《繫年》第十三章「王圍鄭三月，鄭人爲成」之事見於《左傳》宣公十二年，據傳文所載，鄭與楚盟於辰陵後，又附於晉，楚莊王圍鄭十七日，鄭人於宗廟痛哭，預備與楚軍死戰，楚人退兵。鄭人修好城池，楚軍再次圍鄭，歷時三月破之，鄭襄公祖衣牽羊哀求講和。楚莊王應允，楚大夫潘尪入城與鄭人盟，鄭大夫子良入楚爲質。因此夏六月，晉中行林父（荀林父）率軍救鄭。

《繫年》簡 64 上部缺失，上接「莊王遂北」，下接「楚人盟」。簡文「莊王遂北」對應《左傳·宣公十二年》「楚子北師次於郔」，郔在今鄭州市北。《左傳》記載楚莊王「使求成于晉，晉人許之，盟有日矣」，此與簡文「……楚人盟」相對應。

《左傳·宣公十二年》對晉、楚兩軍對峙、交戰過程有著非常詳盡的記載。晉荀林父率師救鄭，聽說鄭已服楚，想要退兵，而中軍佐將先縠反對，並率所部渡河，荀林父只得帶兵從之。楚軍駐軍於郔，聽聞晉軍已渡河，楚莊王便想班師，嬖人伍參主張開戰，令尹孫叔敖反對，莊王聽從了伍參之見，下令改轅北向，駐軍管地等候晉軍。晉軍駐紮於敖、鄗之間，楚王派人向晉師求和，晉人已答應議和，定下結盟的日期。然而晉大夫魏錡、趙旃求卿未得，心中有怨，而去挑戰楚師，晉、楚戰於河上，晉師大敗。

簡文「趙旃不欲成，弗召，射于楚軍之門」，對應《左傳》中「趙旃求卿未得，且怒於失楚之致師者，弗許。請召盟，許之，與魏錡皆命而往。……趙旃夜至於楚軍，席於軍門之外，使其徒入之」的記載。簡文「楚人被駕以追之」，則是對應《左傳》中「王乘左廣以逐趙旃，趙旃棄車而走林，屈蕩搏之，得其甲裳」一事。《繫年》中對於晉楚邲之戰的記載與《左傳》所載並無太大差異。

此外，上博簡《鄭子家喪》篇記載鄭子家死後，楚莊王以鄭子家弒君，顛覆天下之禮爲由，出兵伐鄭，圍鄭三月。鄭子良出質，晉國出兵救鄭，晉、楚戰於兩棠，晉師大敗。《鄭子家喪》篇中亦有邲之戰的相關記載，但是與《繫年》《左傳》所載存在很大差異，正如葛亮所言，《鄭子家喪》是一個雜糅而成的故事，是由不同的歷史事件雜糅而成。〔註 158〕上博簡中所見的楚王故事皆與子書相類，重在說理，而不重史實，其中所涉及的時間、人物、

〔註 158〕葛亮《〈上博七·鄭子家喪〉補說》，復旦大學出土文獻與古文字研究中心網，2009 年 1 月 5 日，http://www.gwz.fudan.edu.cn/Web/Show/616

事件都有可能與史籍所載存在較大的出入。如余嘉錫《古書通例》所云：「若夫諸子短書，百家雜說，皆以立意爲宗，不以敘事爲主；意主於達，故譬喻以致其思；事之爲賓，故附會以圓其說，本出荒唐，難與莊論。」〔註159〕

簡文中「乃起師，圍鄭三月」「鄭人命以子良爲質」「王焉還軍以應之，與之戰於兩棠，大敗晉師焉」，都與《左傳·宣公十二年》所載晉楚邲之戰有關。簡文「乃起師，圍鄭三月」與《左傳》「楚子圍鄭，旬有七日。……進復圍之，三月，克之」對應。簡文「鄭人命以子良爲質」對應《左傳》「潘尪入盟，子良出質」。簡文「王許之」對應《左傳》「退三十里而許平」。簡文「王焉還軍以應之，與之戰於兩棠，大敗晉師焉」對應《公羊傳·宣公十二年》「（莊王）令之還師，而逆晉寇」。

簡文「兩棠」即「邲」，地在今河南鄭縣，《呂氏春秋》《新書》稱「兩棠」，《左傳》《穀梁傳》皆稱「邲」。孫人和《左宧漫錄·兩棠考》一文對「兩棠」與「邲」作了詳細的考證，指出「兩棠」即狼湯渠，「兩棠」與「邲」是析言與總言的關係。〔註160〕

簡文中楚莊王圍鄭三月而克之，子良出質楚國，大敗晉師於兩棠之事與傳世文獻所載相同，但楚莊王出兵圍鄭的原因卻是與傳世文獻所記相異。

據簡文所載：「鄭子家殺其君，將保其寵炎以沒入地。……大夫皆進曰：『君王之起此師，以子家之故。今晉人將救子家，君王必進師以應之。』」楚莊王起師圍鄭是因爲鄭子家弒君，死後又將以貴族之禮下葬。

據《左傳》所載，鄭子家死於魯宣公十年，《左傳·宣公十年》載：「鄭子家卒。鄭人討幽公之亂，斲子家之棺，而逐其族。改葬幽公，謚之曰『靈』。」此段記載對應簡文「命使子家利木三寸，疏索以紘，毋敢丁（當）門而出，掩之城基。」然而傳世文獻中，鄭子家卒與楚莊王圍鄭三月之事並無關聯，且《左傳·宣公十一年》亦記載楚子伐鄭之事，莊王圍鄭三月事在魯宣公十二年。《鄭子家喪》篇記載楚莊王伐鄭是因子家之故，顯然是不符合史實的。

據《左傳·宣公十二年》：「楚軍討鄭，怒其貳而哀其卑，叛而伐之，服而舍之，德刑成矣」，楚軍伐鄭是因爲鄭國叛楚從晉，與子家之事無涉。《左

〔註159〕余嘉錫《目錄學發微　古書通例》，上海：上海古籍出版社，2013 年 4 月，第 196 頁。

〔註160〕孫人和《左宧漫錄·兩棠考》，《文史》第二輯，北京：中華書局，1963 年 4 月，第 45 頁。

傳》與《繫年》所載邲之戰的起因完全一致，而《鄭子家喪》將邲之戰與鄭子家之事雜糅在一起，是一個混雜了眞背景和假情節的故事。〔註 161〕上博簡爲楚簡，《鄭子家喪》篇也當是出自楚人之手，簡文將討子家之罪作爲背景，將魯宣公十二年楚莊王圍鄭三月之事說成正天下之禮，替天行道的義舉，晉人救鄭也被視作不義之師，面對楚國的「仁義之師」勢必戰敗。《鄭子家喪》篇抑或是楚人爲彰顯楚莊王之豐功偉績所作，其教化意義重於對史實的追述。

3、鄢陵之戰

清華簡《繫年》第十六章記載楚共王時期晉楚彌兵之會以及鄢陵之戰，鄢陵之戰亦是晉楚之間一場極具代表性的戰役。

《繫年》中對於相關史事的記載如下：

楚龍（共）王立七年，命（令）尹子褈（重）伐奠（鄭），爲泳之自（師）。晉競（景）公會者（諸）戻（侯）吕（以）救（救）奠（鄭），奠（鄭）人戩（止）芸（鄖）公義（儀），獻者（諸）競（景）公，競（景）公以𠊱（歸）。一年，競（景）公欲與楚人爲好，乃敓（稅）芸（鄖）公，由（使）歸（歸）求成，龍（共）王叓（使）芸（鄖）公哻（聘）於晉，旻（且）許成。競（景）公叓（使）翟（糴）之伐（茷）哻（聘）於楚，虘（且）攸（修）成，未還，競（景）公卒（卒），柬（厲）公即立（位）。龍（共）王叓（使）王子脣（辰）哻（聘）於晉，或（又）攸（修）成，王或（又）叓（使）宋右帀（師）芋（華）孫元行晉楚之成。昷（明）散（歲），楚王子波（罷）會晉文子燮（燮）及者（諸）戻（侯）之大夫，明（盟）於宋，曰：爾（弭）天下之𩏂（甲）兵。昷（明）散（歲），柬（厲）公先起兵，衍（率）自（師）會者（諸）戻（侯）以伐秦，至于涇。龏（共）王亦衍（率）自（師）回（圍）奠（鄭），柬（厲）公救（救）奠（鄭），數（敗）楚自（師）於䧶（鄢）。柬（厲）公亦見禍（禍）吕（以）

〔註 161〕魏慈德《〈上博〉與〈清華〉簡中的楚國史事輯補》，《出土文獻語言研究》第二輯，廣州：暨南大學出版社，2015 年 3 月，第 150 頁。

死，亡（無）遂（後）。

　　簡文所載「楚共王七年，令尹子重伐鄭，爲汜之師」「鄭人止鄖公儀獻諸景公」事亦見於《左傳‧成公七年》。《左傳‧成公七年》：「秋，楚子重伐鄭，師于汜，諸侯救鄭。鄭共仲、侯羽軍楚師，囚鄖公鐘儀，獻諸楚。」簡文「汜」或即《左傳》所見之「汜」，地在今河南省襄城縣。簡文「鄖公儀」即《左傳》所見「鄖公鐘儀」。

　　簡文記載晉景公釋放鄖公回國求成之事亦見於《左傳‧成公九年》，傳文載：「晉侯觀於軍府，見鐘儀。問之曰：『南冠而縶者，誰也？』有司對曰：『鄭人所獻楚囚也。』使稅之。……公語范文子，文子曰：『楚囚，君子也。……君盍歸之，使合晉、楚之成。』公從之，重爲之禮，使歸求成。」然而《左傳》並未記載楚共王再次使鄖公如晉許成之事。《左傳‧成公九年》又載：「十二月，出自使公子辰如晉，報鐘儀之使。請脩好、結成。」而簡文記載楚共王使王子辰聘於晉的時間在晉景公卒，晉厲公即位後，與《左傳》所載不同。

　　簡文「景公使糴之茷聘於楚」之事又見於《左傳‧成公十年》。楚王又使宋右師華孫元行晉、楚之成之事又見於《左傳‧成公十一年》，然而，據《左傳》記載，宋華元與楚令尹子重和晉欒武子交好，故能合晉、楚之成，並非如簡文所記奉楚共王之命。晉、楚弭兵之盟亦見載於《左傳‧成公十二年》。

　　《春秋‧成公十三年》載：「夏五月，公自京師，遂會晉侯、齊侯、宋公、衛侯、鄭伯、曹伯、邾人、滕人伐秦。」傳文記載五月丁亥，晉師以諸侯之師與秦師戰於麻隧，秦師敗績，晉師濟涇。此即簡文所載「厲公先起兵，率師會諸侯以伐秦，至于涇」。按照簡文所記，晉厲公率先起兵伐秦，是晉國背盟在先。而據《左傳‧成公十三年》記載：「秦桓公既與晉厲公爲令狐之盟，而又召狄與楚，欲道以伐晉」，顯然是秦國背盟在先，且此事與晉楚弭兵之會所訂立的盟約也並無關聯。《左傳‧成公十五年》記載楚國想要背盟出兵北略，子囊說剛與晉國結盟就違背盟約，似乎說不過去。司馬子反言只要敵情有利於我方就可進軍，毋需管盟約，申叔時因此預言子反必不免於難。楚共王聽了子反的話出兵侵鄭。《左傳》並未見晉國出兵救鄭的記載，且認爲是楚國背盟在先，不同於清華簡《繫年》所載，可見兩者立場不同。

　　《繫年》對鄢陵之戰的記載如下：「共王亦率師圍鄭，厲公救鄭，敗楚師於鄢。」《左傳‧成公十六年》對晉楚鄢陵之戰有非常詳盡的記載，但不同於清華簡《繫年》所載，魯成公十六年春，楚以汝陰之田求成於鄭，鄭叛晉，

與楚結盟。晉侯因此發兵伐鄭，鄭人向楚國告急，楚共王率師救鄭，與晉國戰於鄢陵，晉將魏錡射傷楚共王眼睛，楚師大敗，連夜帶兵逃走，晉軍入楚營，如城濮之戰時那般，在楚營中吃了三天糧餉。

《繫年》記載鄢陵之戰是楚共王伐鄭，晉屬公救鄭，晉與鄭爲盟友關係。而《左傳》則是記載鄭國叛晉從楚，晉屬公出兵侵鄭，楚共王救鄭，晉軍大敗楚、鄭兩國聯軍，此戰鄭與楚爲盟友關係。此戰之後，鄭國一心向楚，對晉國的態度非常強硬。晉屬公在鄢陵之戰後會齊、魯、宋、衛、邾諸國於沙隨，預謀伐鄭，並於魯成公十六年七月率諸侯之師伐鄭，鄭子罕發動夜襲，齊、宋、衛皆潰敗。鄭國又使太子入質於楚，楚國派人戍守鄭國。既然鄢陵之戰後，晉、鄭關係如此緊張，那麼鄢陵之戰時，晉、鄭爲同盟之說恐怕並不合理，由此可見，清華簡《繫年》對於鄢陵之戰的記載恐怕有誤。或許《繫年》是將魯成公十五年（公元前 576 年）「楚子侵鄭，及暴隧」之事與成公十六年的鄢陵之戰混爲一談。

附錄：《古本竹書紀年》不同於《左傳》的記載辨析一則

汲冢《竹書紀年》出土於晉武帝太康二年（公元 281 年），距今已經一千七百多年。經過一千七百多年的流傳，早已與傳世文獻無異，但是《竹書紀年》原書已佚，如今所見《古本竹書紀年》爲後人輯佚的成果。雖然輯佚的內容皆是來自其他古籍中的引文，但是仍然具有一定的史料價值。

《古本竹書紀年》中也有一些關於鄭國史事的記載，前文也對這些內容進行了收錄，其中有一條記載與傳世文獻所載存在差異。

《竹書紀年》曲沃莊伯十二年載：「鄭莊公殺公子聖。」此即《春秋·隱公元年》所載「鄭伯克段于鄢」一事。「公子聖」即《左傳》之共叔段。《公羊傳·隱公元年》：「鄭伯克段于鄢。克之者何，殺之也。」《穀梁傳·隱公元年》：「鄭伯克段于鄢，克者何，能也。何能也，能殺也。」皆認爲共叔段爲鄭莊公所殺，與《紀年》所載同。然而《左傳》言「大叔出奔共」，並未記載叔段爲莊公所殺。據《左傳·隱公十一年》鄭莊公入許之後所言：「寡人有弟，不能和協，而使糊其口于四方」，可見鄭莊公並未殺共叔段。春秋三傳說法不一，也無明確證據可證明共叔段是否爲鄭莊公所殺。

有學者以京叔盨爲共叔段之器爲據，認爲共叔段發動兵變後並未被殺。京叔盨於 2002 年 3 月 25 日爲陝西周至縣公安局繳獲，鑄造年代大約爲西周

晚期，銘文作：「京弔（叔）乍（作）寶盨，其永寶用。」王輝、蕭春源指出京有數地，一爲周地，在今洛陽市西南；一爲鄭邑，爲共叔段封邑，在今榮陽京縣。盨銘「京叔」應即「京城大叔」，即共叔段。〔註162〕

李未然從王輝之說，認爲京叔盨的鑄造者「京叔」與子耳鼎和寶登鼎的鑄造者存在緊密聯繫，此三器則是從最原始、最有利的角度印證了共叔段兵敗之後沒有被殺。〔註163〕

王輝之說或許有一定的道理。京叔盤與京叔盨之器主或爲同一人，京叔盤出土於山東滕縣安上村，滕縣爲兩周時期滕國故地。據《左傳・隱公元年》記載：「大叔出奔共」，楊伯峻注云：「共即閔公二年『益之以共、滕之民』之共，本爲國，後爲別邑，即今河南省輝縣。」〔註164〕可知共叔段兵敗後向東逃竄，而春秋初年鄭國與宋衛連年交戰，宋衛兩國常不敵鄭國，共叔段很有可能因此繼續向東奔逃至滕國一帶。京叔盤銘文作：「京弔（叔）乍（作）孟嬴滕盤，子孫永寶用。」據此，共叔段或許與嬴姓國有過婚姻關係。

此說雖缺乏明確證據，但或可爲共叔段未死於鄭莊公之手又添一例證。《左傳》記載共叔段封於京，稱「京城大叔」，若銘文中的「京叔」爲共叔段，那麼京叔盨、京叔盤二器爲共叔段封於京邑之後，兵敗之前所鑄。

《左傳》言共叔段未死，而是出奔，糊口於四方，畢竟只是一家之言。據傳世文獻中的相關記載，鄭莊公也並非無意殺弟，《竹書紀年》《公羊傳》《穀梁傳》皆言叔段爲莊公所殺，或許並非出自後人臆斷。

（四）與鄭國史相關出土文獻中所見喪禮用語研究

清華簡（陸）《鄭武夫人規孺子》與上博簡（七）《鄭子家喪》除了記載與鄭莊公、楚莊王、鄭子家等歷史人物相關的歷史事件外，還有不少涉及喪葬禮制的內容，對了解春秋時期的喪葬禮制具有非常重要的參考意義。

1.《鄭武夫人規孺子》所見喪禮用語

李守奎《〈鄭武夫人規孺子〉中的喪禮用語與相關的禮制問題》一文已將

〔註162〕王輝、蕭春源《新見青銅器銘文考跋二則》，《考古與文物》2003 年第 2 期，第 84～85 頁。
〔註163〕李未然《兩周鄭國青銅器銘文彙考》，天津：天津師範大學，2016 年碩士學位論文，第 14 頁。
〔註164〕楊伯峻《春秋左傳注》，北京：中華書局，2009 年 10 月，第 14 頁。

《鄭武夫人規孺子》篇中所見喪禮中的稱謂及用語與禮書所載進行對比，並加以分析，在此基礎上對春秋初期的喪禮問題進行探討。〔註165〕文章對《鄭武夫人規孺子》篇所見喪禮用語的分析大致如下：

（1）簡文中鄭武公之死稱「卒」，與《禮記》所載的諸侯之死稱「薨」並不吻合，對比清華簡《繫年》中諸侯之死大多稱「即世」，可知禮書成書年代晚於清華簡。「卒」與「即世」等皆當爲諸侯死亡的通稱。

（2）根據簡文所載，鄭武公之謚「武」，在其下葬前就已獲得，姜氏因武公之謚而稱「武夫人」，《左傳》稱「武姜」，「武」非姜氏之謚，而是因夫君之謚的一種稱謂，此稱謂在武公獲得謚號後便可成立。簡文並未出現鄭莊公的謚稱，根據簡文所見謚稱，此篇很有可能是鄭莊公時期的史官實錄。

（3）簡文中對嗣君（鄭莊公）的不同稱謂主要是有稱呼者的身份和感情所決定的。

（4）簡1中的「毚」字當釋爲殔，即肆解之肆。據《儀禮·士喪禮》即孔穎達注，殔指掘坎到陳尸的這個過程。「既殔」是說武公剛去世，第五日陳尸於西階坎中之棺。

（5）據《儀禮·士虞禮》記載，簡文「孺子拜，乃皆臨」之「臨」是指陳尸於坎後面尸而哭。

（6）按照禮制規定，諸侯五月即下葬，簡文「久之於上三月」是指禮制規定的五個月之外再加三個月，是爲緩葬。鄭武公緩葬三月或更長時間，應是武夫人的意願，宮廷鬥爭的結果。

（7）簡文「小祥」指鄭武公去世一週年。簡文的意思是鄭莊公即位已滿一年尚不理國政，大臣遂勸諫其臨政。

（8）簡文最後「抑無如吾先君之憂何」中的「先君之憂」或與禮書所見的「三年憂」相關，指三年之喪。

李守奎先生對《鄭武夫人規孺子》篇中所見喪禮用語和稱謂的整理和研究較爲全面和到位，但仍有未盡言之處。以下在李守奎的研究基礎上作三點補充：

（1）簡文中武姜規誡鄭莊公時說道「孺子汝或誕告，吾先君如忍孺子之志，亦猶足。」其中「誕告」或與喪禮有關。沈文倬認爲「喪禮內涵喪、葬、

〔註165〕李守奎《〈鄭武夫人規孺子〉中的喪禮用語與相關的禮制問題》，《中國史研究》，2016年第1期，第11～18頁。

祭三個部分」，〔註166〕丁凌華在此基礎上更爲具體的指出：「古代喪禮主要包括喪、葬、祭三大部分內容。通俗而言，『喪』是規定活人即死者親屬在喪期內的行爲規範，『葬』是規定死者的應享待遇，『祭』是規定喪期內活人與死者之間聯繫的中介儀式。」〔註167〕簡文「誕告」是指向鄭武公的在天之靈禱告，屬於喪禮中的祭禮。

（2）簡文記載「自是期以至葬日，孺子毋敢有知言，屬之大夫及百執事。」《荀子・禮論》：「天子之喪動四海，屬諸侯；諸侯之喪動通國，屬大夫。」王先謙注云：「屬，謂託付之，使主喪也。」〔註168〕據此，簡文記載鄭武公死後由大夫及百執事主持喪事也是符合當時禮制的。根據王先謙注，下文「君拱而不言，加駐於大夫，汝慎駐君葬而久之於上三月」之「駐」，原整理者讀爲「主」，訓爲主持的說法應當可從。

（3）李守奎言簡文中的「先君之憂」與《禮記・喪服四制》中的「三年憂」相關，此說應當可從。但是禮書中的「三年憂」並非三年之喪，三年之喪當爲其引申義。《禮記》原文作：「始死，三日不怠，三月不解，期悲哀，三年憂，恩之殺也。」鄭玄注云：「不怠，哭不絕聲也。不解，不解衣而居，不倦息也。」孔穎達《正義》曰：「期悲哀者，謂期之間朝夕恆哭。三年憂者，不復朝夕哭，但憂戚而已。」〔註169〕此句中「不怠」與「不解」皆指人的悲傷之舉，「悲哀」和「憂」則是指人的情緒，「三年憂」指守喪者三年內存憂於心。下文云：「聖人因殺制節，此喪之所以三年」，因孝子之情的遞減，遂有三年之喪。《禮記・喪服四制》又載：「《書》曰：『高宗諒闇，三年不言。』善之也。」足見先秦時期人們對於三年之喪的重視。禮書中亦存在「憂」與「喪」互通之例，如《禮記・檀弓下》：「雖吾子儼然在憂服之中，喪亦不可久也。」由此可見，簡文中的「先君之憂」應當可以直接解釋爲先君之喪。

2.《鄭子家喪》所見喪禮用語

《鄭子家喪》中亦有內容涉及春秋時期的喪葬禮制。學界對於《鄭武夫人規孺子》篇中所涉及的喪禮用語並無太大爭議，然而對於《鄭子家喪》篇

〔註166〕沈文倬《宗周禮樂文明考論》，杭州：浙江大學出版社，1999 年 12 月，第 24 頁。

〔註167〕丁凌華《中國喪服制度史》，上海：上海人民出版社，2000 年 1 月，第 2 頁。

〔註168〕（清）王先謙《荀子集解》，北京：中華書局，1988 年 9 月，第 360 頁。

〔註169〕（清）朱彬《禮記訓纂》，杭州：浙江大學出版社，2010 年 7 月，第 902 頁。

中的喪禮用語，尤其是「命使子家利木三寸，疏索以紘，毋敢丁（當）門而出，掩之城基」一句，學者們對此眾說紛紜，存在非常大的爭議。

以下在前輩學者們研究的基礎上，結合《左傳》《禮記》《儀禮》等傳世文獻，對《鄭子家喪》篇中所涉及的喪禮用語逐一進行分析。

（1）子家死之稱謂

簡文中子家之死稱爲「芒」，原整理者讀爲「喪」，據《左傳・僖公九年》「凡在喪」，杜預注：「在喪，未葬也」，認爲簡文「喪」指喪事。〔註170〕復旦讀書會指出簡文「芒」即「芒」字，讀作「亡」。〔註171〕據陳偉之說，上博簡《周易》32 號簡中與傳世本「喪」對應之字亦作「芒」，喪有死義，〔註172〕如《尚書・金縢》：「武王既喪」，孔安國《傳》曰：「武王死」。據《禮記・曲禮下》：「天子死曰崩，諸侯曰薨，大夫曰卒，士曰不祿，庶人曰死。」子家的身份爲鄭國卿大夫，簡文稱「喪」，與禮書不合。鄭子家弒鄭靈公，顛覆天下之禮，而且下文也有降低子家葬禮等級的相關記載，「喪」相當於「死」，簡文稱子家之死爲「喪」，或有貶低其身份的意思。

（2）訃告禮

簡文首句爲「鄭子家喪，邊人來告」，其中「來告」當與喪禮中的訃告禮相關。《禮記・雜記上》記載：「大夫訃於同國，適者，曰『某不祿。』訃於士，亦曰『某不祿。』訃於他國之君，曰『君之外臣寡大夫某死。』訃於適者，曰『吾子之外私寡大夫某不祿，使某實。』訃於士，亦曰『吾子之外私寡大夫某不祿，使某實。』」〔註173〕此爲卿大夫之訃告禮。《左傳》中亦有卿大夫死後訃告於他國之君的記載，如《左傳・襄公十九年》：「於四月丁未，鄭公孫蠆卒，赴于晉大夫。范宣子言於晉侯，以其善於伐秦也。六月，晉侯請於王，王追賜之大路，使以行，禮也。」傳文「赴」與「訃」同。據《左傳》所載，鄭大夫公孫蠆死後，是由鄭國人訃告於晉大夫，再由晉大夫告知晉侯。《鄭子家喪》篇首句是說鄭子家死後，邊人將子家的死訊告知楚

〔註170〕馬承源主編《上海博物館藏戰國楚竹書（七）》，上海：上海古籍出版社，2008 年 12 月，第 173 頁。

〔註171〕復旦大學出土文獻與古文字研究中心研究生讀書會《〈上博七・鄭子家喪〉校讀》，復旦大學出土文獻與古文字研究中心網，2008 年 12 月 31 日，http://www.gwz.fudan.edu.cn/Web/Show/584

〔註172〕陳偉《〈鄭子家喪〉通釋》，簡帛網，2009 年 1 月 10 日，http://www.bsm.org.cn/show_article.php?id=964

〔註173〕（清）朱彬《禮記訓纂》，杭州：浙江大學出版社，2010 年 7 月，第 902 頁。

莊王。簡文中的「邊人」當爲楚國的邊邑大夫，而來告邊人的信息或是來自鄭人的訃告。

　　（3）利木三寸

　　簡文「利木三耂」，陳偉讀作「梨木三寸」，認爲與下文「疏索以紘」都是指將子家禁錮在家的措施。〔註174〕復旦讀書會指出簡文「梨木三寸」當與《左傳・宣公十二年》「斲子家之棺」有關，是指給鄭子家用梨木製的三寸薄棺，是不以禮制葬子家之舉，是對子家的一種懲罰。〔註175〕高佑仁則是認爲「利」爲「梨」之借字，有割裂之義。〔註176〕陳偉認爲「利」仍當讀爲「梨」，並據《管子・五輔》言「梨」有割裂、剖裂之義。〔註177〕李天虹認爲或許可以將「梨」看作是「離」的借字，〔註178〕並指出簡文「梨木三寸」與《左傳》杜預注所謂「斲薄其棺」相對，是指把子家的棺木削薄爲三寸。〔註179〕楊澤生認爲「梨木」應讀爲「厲木」，是「惡木」的意思。〔註180〕李詠健認爲「利木」應讀爲「栗木」，「栗木三寸」指給子家用栗木製的三寸薄棺，此種做法正符合文獻所見「桐棺三寸」之制，且當時栗木在鄭國非常常見，以栗木製成三寸薄棺，是要使子家不得從卿禮下葬。〔註181〕

　　綜合以上各家說法，簡文「利木三寸」是使子家不得從卿禮下葬之舉，是對子家弒君行爲的一種懲罰，這一點當無疑義。但是對於「利木」二字的釋讀，學者們並未達成一致。

〔註174〕陳偉《〈鄭子家喪〉初讀》，簡帛網，2008 年 12 月 31 日，http://www.bsm.org.cn/show_article.php?id=919

〔註175〕復旦大學出土文獻與古文字研究中心研究生讀書會《〈上博七・鄭子家喪〉校讀》，復旦大學出土文獻與古文字研究中心網，2008 年 12 月 31 日，http://www.gwz.fudan.edu.cn/Web/Show/584

〔註176〕復旦大學出土文獻與古文字研究中心研究生讀書會《〈上博七・鄭子家喪〉校讀》文下 18 樓評論，發表日期：2009 年 12 月 14 日。

〔註177〕陳偉《〈鄭子家喪〉通釋》，簡帛網，2009 年 1 月 10 日 http://www.bsm.org.cn/show_article.php?id=964

〔註178〕李天虹《〈鄭子家喪〉補釋》，簡帛網，2009 年 1 月 12 日，http://www.bsm.org.cn/show_article.php?id=967

〔註179〕李天虹《竹書〈鄭子家喪〉所涉歷史事件綜析》，《出土文獻（第一輯）》，上海：中西書局，2010 年 8 月，第 185～193 頁。

〔註180〕楊澤生《〈上博七〉補說》，復旦大學出土文獻與古文字研究中心網，2009 年 1 月 14 日，http://www.gwz.fudan.edu.cn/Web/Show/656

〔註181〕李詠健《〈上博七・鄭子家喪〉「利木」釋讀再議》，簡帛網，2011 年 6 月 19 日，http://www.bsm.org.cn/show_article.php?id=1497

《左傳・宣公十年》：「鄭子家卒。鄭人討幽公之亂，斲子家之棺，而逐其族。」其中「斲子家之棺」當與簡文「利木三寸」相關，「三寸」是指棺木的厚度，據此，《左傳》「斲子家之棺」當如杜預所說，是指「斲薄其棺，不使從卿禮。」楊伯謂斲棺指剖棺見尸，此說不確。〔註182〕

《禮記・喪服大記》：「君大棺八寸，屬六寸，椑四寸；上大夫大棺八寸，屬六寸；下大夫大棺六寸，屬四寸；士棺六寸。」子家為卿大夫，僅以三薄棺葬之，顯然是降低了其葬禮的等級。《左傳・哀公二年》中趙簡子所云「桐棺三寸，不設屬辟」，為「下卿之罰」。《荀子・禮論》：「刑餘罪人之喪不得合族黨，獨屬妻子，棺椁三寸，衣衾三領，不得飾棺。」王先謙注云：「刑餘，遭刑之餘死者。墨子曰：『桐棺三寸，葛以為緘。』然則厚三寸，刑人之棺也。」〔註183〕鄭子家犯下弒君之罪，其棺厚三寸，則是對他的懲罰措施。

至於簡文「利木」，有認為指削薄棺木者，亦有認為是指棺木的材質。結合《左傳》中的「斲子家之棺」，或許當時子家已按照卿大夫之禮下葬，所以鄭人才會斲薄其棺，降低其葬禮的等級。此外，《鄭子家喪》篇首句便交代鄭子家之死，隨後楚莊王率師圍鄭三月，據簡文所載，此時距子家之死已過去至少三月，按照禮制，其棺木應當早已準備妥當。據此，「利木三寸」很有可能是指將子家原有的棺木削薄至三寸。

（4）疏索以紘

簡文「綻索以絥」，原整理者讀作「疏索以供」，認為「疏索」意為稀少。〔註184〕復旦讀書會讀為「疏索以紘」，與《墨子・節葬》「葛以緘之」如出一轍，「疏」訓為「粗」，為粗劣之意。「索」指束棺之緘繩。「紘」訓為「束」。〔註185〕熊立章認為簡文「絥」字隸定作「摯」更為合適。〔註186〕林清源引《禮記・喪服大記》：「君蓋用漆，三衽三束。大夫蓋用漆，二衽二束。士蓋

〔註182〕 楊伯峻《春秋左傳注》，北京：中華書局，2009年10月，第709頁。
〔註183〕 （清）王先謙《荀子集解》，北京：中華書局，1988年9月，第361頁。
〔註184〕 馬承源主編《上海博物館藏戰國楚竹書（七）》，上海：上海古籍出版社，2008年12月，第177頁。
〔註185〕 復旦大學出土文獻與古文字研究中心研究生讀書會《〈上博七・鄭子家喪〉校讀》，復旦大學出土文獻與古文字研究中心網，2008年12月31日，http://www.gwz.fudan.edu.cn/Web/Show/584
〔註186〕 熊立章《續釋「春」及〈上博七〉中的幾個字》，簡帛網，2009年1月9日，http://www.bsm.org.cn/show_article.php?id=962

不用漆，二衽二束。」及孔穎達注：「衽謂燕尾合棺縫隙也，束謂以皮束棺也。」認爲：「當時只要是士以上的貴族，其封棺衽束原則上皆以牛皮爲緘繩。如今限制子家封棺只能用粗劣的緘繩，同樣也是表示將他廢爲庶民的意思。」〔註187〕李詠健認爲簡文「綎」是「苴」的借字，簡文「綎索以絑」讀作「苴索以鞏」，「苴」爲牝麻，古時常用於喪事，以「苴索」束棺，原典籍記載和出土所見實物相符。「苴」有粗惡之意，以「苴索」束棺，也符合貶損子家葬禮之用意。〔註188〕馮時則認爲「絑」讀作「媾」，媾有求和之意，此言鄭人將子家之棺斲薄疏束，與楚求和。〔註189〕

《墨子·節葬》有「葛以緘之」，據《釋名·釋喪制》：「棺束曰緘。緘，函也，古者棺不釘也。」可知先秦時期不用棺釘，而是以緘繩束棺。《禮記·喪大記》鄭玄注云：「齊人謂棺束曰緘。」據簡文「綎索以絑」，楚人將棺束稱作「索」。考古發掘的戰國墓葬中常見棺木外有絲帶或繩索捆縛的現象。將棺束捆縛於棺木之外，除了用以加固棺木外，也是當時禮制的反映。

簡文「綎」，有訓爲「粗」者，亦有訓爲「稀疏」者。據孫賽雄之說，「綎」與「疏」皆從「疋」得聲，此字讀作「疏」當無問題。〔註190〕《論語·述而》：「飯疏食飲水，曲肱而枕之，樂亦在其中矣。」朱熹《集注》云：「疏食，麤飯也。」〔註191〕據此，「疏」可訓爲「粗」。簡文「絑」當用作動詞，此從復旦讀書會之說，讀作「紘」，訓爲「束」。馮時將「絑」讀爲「媾」，解釋爲求和，或有臆斷之嫌。簡文「疏索以紘」指用粗劣的繩索綁縛子家之棺，是在子家死後貶低其身份的措施。

春秋時期不用棺釘，而是以繩索束棺。傳世文獻中亦有捆縛棺木方式的相關記載。《禮記·檀弓上》：「棺束縮二衡三，衽每束一。柏椁以端，長六尺。」孔穎達《正義》曰：「縮，縱也。縱束者用二行，橫束者三行。衽，其形兩頭廣、中央小也。既不用釘棺，但先鑿棺邊及兩頭合際處，作坎形，則以小要連之，令固棺並相對，無束處以衽連之，如豎束之處，則豎著其衽，

〔註187〕林清源《上博（七）〈鄭子家喪〉文本問題檢討》，中央研究院歷史語言研究所《第三屆古文字與古代史國際學術研討會論文集》，2011 年 3 月 25～27 日，第 289 頁。

〔註188〕李詠健《〈上博七·鄭子家喪〉「苴索」補釋》，簡帛網，2011 年 6 月 19 日，http://www.bsm.org.cn/show_article.php?id=1496

〔註189〕馮時《〈鄭子家喪〉與〈鐸氏微〉》，《考古》2012 年第 2 期，第 80 頁。

〔註190〕孫賽雄《〈上海博物館藏戰國楚竹書（七）·鄭子家喪〉集釋》，未發表。

〔註191〕（南宋）朱熹《四書章句集注》，北京：中華書局，2012 年 2 月，第 97 頁。

以連棺蓋及底之木，使與棺頭尾之材相固。」〔註192〕《禮記·喪服大記》：「君蓋用漆，三衽三束；大夫蓋用漆，二衽二束；士蓋不用漆，二衽二束。」孔穎達《正義》曰：「棺上蓋用漆，謂漆其衽合縫處也。衽，謂燕尾合棺縫際也。束，爲以皮束棺也。棺兩邊各三衽，每當衽上，輒以牛皮束之。大夫士橫衽有二，每衽有束，士卑，故不漆也。」〔註193〕

江陵雨臺山楚墓出土的棺具，可謂先秦時期所用棺具的典型代表。

戰國時期楚國棺木結構示意圖〔註194〕

A 蓋板　B 墻板　C 擋板　D 底板　E 墊木　F 木楔

1 子母口　2 半肩透榫　3 淺槽套榫　4 鎖榫

〔註192〕（清）朱彬《禮記訓纂》，杭州：浙江大學出版社，2010 年 7 月，第 117～118 頁。

〔註193〕（清）朱彬《禮記訓纂》，杭州：浙江大學出版社，2010 年 7 月，第 668 頁。

〔註194〕圖片採自湖北省荊州博物館編《江陵雨臺山楚墓》，北京：文物出版社，1984 年 4 月，第 7 頁。

如上圖所示，棺材擋板和墙板之間用榫加以固定，此即《禮記》所見之「衽」。棺蓋以及棺材墙板底部都有凹槽，這是用於固定束棺繩索，當時是以皮製繩索束棺。這些出土棺具的形制與《禮記》所載也完全吻合。

按照當時禮制，子家死後需以皮製繩索爲其束棺，而簡文中「疏索以紘」則是說降低子家葬禮的規格，用粗劣的繩索束棺。據《墨子·節葬》「葛以緘之」，很有可能是以茅草編織的繩索捆縛其棺，此舉亦有在其死後貶低其身份的用意，也是對子家生前弒君行徑的懲罰。

（5）毋敢丁（當）門而出

簡文「丁」，甲本字形作「𠬝」，乙本字形作「𠂔」，此字的釋讀存在較大的爭議。原整理者讀爲「私」，「私門」指家門。〔註195〕何有祖認爲此字當隸定作「㔫」，讀作「犯」，犯門指違禁強行打開城門，〔註196〕馮時亦從之說。復旦讀書會將此字釋爲「丁」，「丁門」讀作「當門」，〔註197〕李天虹、劉信芳、李松儒均從之說，劉信芳認爲門應指廟門或殯宮門，簡文「毋敢丁（當）門而出」，蓋子家死後不得入宗廟之謂。〔註198〕程燕懷疑此字爲「夕」，與「藉」字相同，簡文讀作「毋敢藉門而出」，即不敢踏著門出去。〔註199〕郝士宏從復旦讀書會，將此字釋爲「丁」，認爲「丁門」即「正門」，簡文言葬子家不敢以「正門」而出。〔註200〕劉雲認爲「丁」應讀爲「經」。〔註201〕李詠健將此字隸定作「勹」，認爲「勹」讀爲「排」，「排門」即「推門」，據周代之禮制，認爲「毋敢排門而出」所指之門，統言之爲「城門」。〔註202〕

〔註195〕馬承源主編《上海博物館藏戰國楚竹書（七）》，上海：上海古籍出版社，2008年12月，第177頁。

〔註196〕何有祖《上博七〈鄭子家喪〉箚記》，簡帛網，2008年12月31日，http://www.bsm.org.cn/show_article.php?id=917

〔註197〕復旦大學出土文獻與古文字研究中心研究生讀書會《〈上博七·鄭子家喪〉校讀》，復旦大學出土文獻與古文字研究中心網，2008年12月31日，http://www.gwz.fudan.edu.cn/Web/Show/584

〔註198〕劉信芳《〈上博藏（七）〉試說（之三）》，復旦大學出土文獻與古文字研究中心網，2009年1月18日，http://www.gwz.fudan.edu.cn/Web/Show/669

〔註199〕程燕《上博七讀後記》，復旦大學出土文獻與古文字研究中心網，2008年12月31日，http://www.gwz.fudan.edu.cn/Web/Show/586

〔註200〕郝士宏《讀〈鄭子家喪〉小記》，復旦大學出土文獻與古文字研究中心網，2009年1月3日，http://www.gwz.fudan.edu.cn/Web/Show/602

〔註201〕劉雲《上博七詞義五札》，簡帛網，2009年3月17日，http://www.bsm.org.cn/show_article.php?id=1004

〔註202〕李詠健《〈上博七·鄭子家喪〉「毋敢排門而出」考》，簡帛網，2011年4月

綜合以上所引各家之說，簡文「█」「⬚」字，從復旦讀書會之說，隸定作「丁」當無疑問。《左傳・昭公五年》：「叔仲子謂季孫曰：『帶受命於子叔孫曰：葬鮮者自西門。』季孫命杜泄。杜泄曰：『卿喪自朝，魯禮也。吾子為國政，未改禮而又遷之。羣臣懼死，不敢自也。』既葬而行。」《禮記・檀弓下》：「喪之朝也，順死者之孝心也。其哀離其室也，故至於祖考之廟而後行。」楊伯峻注曰：「周代之禮，葬前必移柩於宗廟，從朝出正門，正門即《爾雅・釋宮》之應門，郭璞《注》之朝門。由朝之路，出國都之南門。」〔註203〕按照周禮，卿大夫葬前移柩於宗廟，葬時從宗廟正門而出，再由朝之路出國都南門。據此，簡文中的「門」或為統稱，兼指宗廟以及國都之正門。此從復旦讀書會之說，將簡文讀作「毋敢當門而出」，指葬子家不敢從宗廟和國都之正門而出，這也代表鄭人不敢使子家從卿之禮下葬。

（6）掩之城基

簡文「掩」字，甲本字形作「█」，乙本字形作「█」，此字隸定作「敓」。原整理者讀作「陷」。〔註204〕復旦讀書會將「敓」讀作掩埋之「掩」，「掩之城基」指將棺木埋在內城的城牆底下。〔註205〕劉信芳指出，若「掩之城基」解釋為只能埋在內城的城牆底下，則勢必毀城，不合情理，認為「掩之城基」是對墓葬選址高度的限制，大致是不得超過城牆下基高程，猶城下之謂。〔註206〕馮時將「敓」讀作「瞻」，「瞻之城基」即言鄭伯自請不泯其社稷而苟活於城郊，與《左傳・宣公十一年》鄭襄公所言「夷於九縣」「賜之不毛之地，使帥一二耋老而綏焉」之意相類。〔註207〕

綜合各家說法，簡文「敓」釋為「掩」更為合適。至於「掩之城基」的意思，有以下兩種可能，一是由於當時鄭都被楚軍所圍，鄭人不敢出城葬子家，只得將其掩埋於城基。二是如劉信芳所說，是指子家墓葬選址的高度不

---

15 日，http://www.bsm.org.cn/show_article.php?id=1453

〔註203〕楊伯峻《春秋左傳注》，北京：中華書局，2009 年 10 月，第 1262 頁。

〔註204〕馬承源主編《上海博物館藏戰國楚竹書（七）》，上海：上海古籍出版社，2008年 12 月，第 177 頁。

〔註205〕復旦大學出土文獻與古文字研究中心研究生讀書會《〈上博七・鄭子家喪〉校讀》，復旦大學出土文獻與古文字研究中心網，2008 年 12 月 31 日，http://www.gwz.fudan.edu.cn/Web/Show/584

〔註206〕劉信芳《〈上博藏（七）〉試說（之三）》，復旦大學出土文獻與古文字研究中心網，2009 年 1 月 18 日，http://www.gwz.fudan.edu.cn/Web/Show/669

〔註207〕馮時《〈鄭子家喪〉與〈鐸氏微〉》，《考古》2012 年第 2 期，第 80 頁。

得超過城墻下基高程。因爲古代築城，其基址一般高於周邊，墻基須下挖至堅硬的土層，而當時貴族墓地多有高出城墻基址者。〔註208〕後者更爲合理一些。

　　《左傳‧僖公三十三年》記載楚令尹子上伐鄭，想要送公子瑕回鄭國爲君，攻打桔柣之門，公子瑕的戰車翻倒在周氏的泥塘裡，外僕髡屯將他的尸體獻給鄭穆公，鄭文夫人爲其殯斂並葬於鄶城下。傳文「文夫人歛而葬之鄶城下」與簡文「掩之城基」相同，都是對死者生前所犯下罪過的懲罰措施。鄭公子瑕爲鄭文公所惡而奔楚，後又隨楚軍攻鄭，欲爭奪鄭國的君位，在鄭穆公看來，此人當是罪大惡極，所以將其葬於鄶城下，以示懲戒。同樣，簡文記載將子家掩於城基，也是對其弒君之罪的懲罰。據《左傳》所載，鄭人也曾以同樣的手段對待過公子瑕。

〔註208〕劉信芳《〈上博藏（七）〉試說（之三）》，復旦大學出土文獻與古文字研究中心網，2009 年 1 月 18 日，http://www.gwz.fudan.edu.cn/Web/Show/669

參考文獻

一、古　籍

1. 《詩經》〔M〕，北京：中華書局，2015 年 9 月。
2. 《尚書》〔M〕，北京：中華書局，2012 年 1 月。
3. 《禮記》〔M〕，北京：中華書局，2015 年 9 月。
4. （戰國）左丘明《左傳》〔M〕，北京：中華書局，2016 年 3 月。
5. （戰國）左丘明《國語》〔M〕，北京：中華書局，1978 年 3 月。
6. （漢）司馬遷《史記》〔M〕，北京：中華書局，1963 年 6 月。
7. （東漢）班固《漢書》〔M〕，北京：中華書局，2013 年 4 月。
8. （漢）宋衷注，（清）秦嘉謨等輯《世本八種》〔M〕，北京：中華書局，2008 年 8 月。
9. （東晉）王嘉撰，蕭綺錄，齊治平校注《拾遺記》〔M〕，北京：中華書局，1981 年 6 月。
10. （北魏）酈道元《水經注》〔M〕，成都：巴蜀書社，1985 年 9 月。
11. （唐）孔穎達《春秋左傳正義》〔M〕，北京：北京大學出版社，2000 年 12 月。
12. （南宋）朱熹《四書章句集注》〔M〕，北京：中華書局，2012 年 2 月。
13. （清）顧棟高《春秋大事表》〔M〕，北京：中華書局，1993 年 6 月。
14. （清）雷學淇《竹書紀年義證》〔M〕，上海：上海圖書集成局，1897 年。
15. （清）徐文靖《竹書紀年統箋》〔M〕，北京：修綆堂，1921～1949 年。
16. （清）梁玉繩《史記志疑》〔M〕，北京：中華書局，1981 年 1 月。
17. （清）王先慎《韓非子集解》〔M〕，北京：中華書局，1998 年 7 月。
18. （清）俞樾《茶香室經說》〔M〕，臺北：廣文書局，1971 年。

19. （清）朱彬《禮記訓纂》〔M〕，杭州：浙江大學出版社，2010 年 7 月。

20. （清）王先謙《荀子集解》〔M〕，北京：中華書局，1988 年 9 月。

二、今人專著

1. 關伯益《新鄭古器圖錄》〔M〕，北京：中華書局，1929 年。

2. 王國維《觀堂集林》〔M〕，北京：中華書局，1959 年 6 月。

3. 顧頡剛、劉起釪《尚書校釋譯論》〔M〕，北京：中華書局，2005 年 4 月。

4. 余嘉錫《目錄學發微 古書通例》〔M〕，上海：上海古籍出版社，2013 年 4 月。

5. 童書業《春秋史》〔M〕，上海：上海古籍出版社，2003 年 4 月。

6. 顧頡剛、童書業《國史講話·春秋》〔M〕，上海：上海人民出版社，2015 年 7 月。

7. 童書業《春秋左傳研究》〔M〕，北京：中華書局，2006 年 8 月。

8. 郭沫若《兩周金文辭大系圖錄考釋》〔M〕，北京：人名文學出版社，1982 年 10 月。

9. 郭沫若《殷周青銅器銘文研究》〔M〕，北京：人民文學出版社，1982 年 10 月。

10. 楊樹達《積微居金文説》〔M〕，上海：上海古籍出版社，2013 年 9 月。

11. 陳槃《春秋大事表列國爵姓及存滅表撰異》〔M〕，上海：上海古籍出版社，2009 年 11 月。

12. 楊伯峻《春秋左傳注》〔M〕，北京：中華書局，2009 年 10 月。

13. 方詩銘、王修齡《古本竹書紀年輯證》〔M〕，上海：上海古籍出版社，1981 年 2 月。

14. 張以仁《春秋史論集》〔M〕，臺北：聯經出版事業公司，1990 年 1 月。

15. 徐元誥《國語集解》〔M〕，北京：中華書局，2016 年 9 月。

16. （漢）劉向 撰，趙善詒 疏證《説苑疏證》〔M〕，上海：華東師範大學出版社，1985 年 2 月，第 379～380 頁。

17. 李步嘉《越絕書校釋》〔M〕，北京：中華書局，2013 年 5 月。

18. 韓石山《張頷傳》〔M〕，太原：三晉出版社，2014 年 3 月

19. 馬王堆漢墓帛書整理小組《馬王堆漢墓帛書（叁）》〔M〕，北京：文物出版社，1983 年 10 月

20. 中國社會科學院考古研究所《殷周金文集成》〔M〕，北京：中華書局，1984-1994 年。

21. 湖北省荊州博物館編《江陵雨臺山楚墓》〔M〕，北京：文物出版社，1984 年 4 月。

22. 馬承源《商周青銅器銘文選》〔M〕，北京：文物出版社，1988 年 4 月。

23. 湖北荊沙鐵路考古隊《包山楚簡》〔M〕，北京：文物出版社，1991 年 10 月。

24. 劉彬徽《包山楚墓》〔M〕，北京：文物出版社，1991 年 10 月。

25. 陳戊國《先秦禮制研究》〔M〕，長沙：湖南教育出版社，1991 年 12 月。

26. 譚其驤《中國歷史地圖集（第一冊）》〔M〕，北京：中國地圖出版社，1996 年 6 月。

27. 鄭州市地方史志編纂委員會編《鄭州市志（第一分冊）》〔M〕，鄭州：中州古籍出版社，1999 年 10 月。

28. 李學勤《夏商周年代學札記》〔M〕，瀋陽：遼寧大學出版社，1999 年 10 月。

29. 沈文倬《宗周禮樂文明考論》〔M〕，杭州：浙江大學出版社，1999 年 12 月。

30. 丁凌華《中國喪服制度史》〔M〕，上海：上海人民出版社，2000 年 1 月。

31. 鐘柏生、陳昭容、黃銘崇、袁國華《新收殷周青銅器銘文暨器影彙編》〔M〕，臺北：藝文印書館，2006 年 1 月。

32. 吳鎮烽《金文人名彙編（修訂本）》〔M〕，北京：中華書局，2006 年 8 月。

33. 馬承源主編《上海博物館藏戰國楚竹書（七）》〔M〕，上海：上海古籍出版社，2008 年 12 月。

34. 李學勤《通向文明之路》〔M〕，北京：商務印書館，2010 年 4 月。

35. 清華大學出土文獻研究與保護中心編，李學勤主編《清華大學藏戰國竹簡（貳）》〔M〕，上海：中西書局，2011 年 12 月。

36. 吳鎮烽《商周青銅器銘文暨圖像集成》〔M〕，上海：上海古籍出版社，2012 年 9 月。

37. 清華大學出土文獻研究與保護中心編，李學勤主編《清華大學藏戰國竹簡（參）》〔M〕，上海：中西書局，2012 年 12 月。

38. 蘇建洲、吳雯雯、賴怡璇《清華二〈繫年〉集解》〔M〕，臺北：萬卷樓圖書股份有限公司，2013 年 12 月。

39. 裘錫圭主編，湖南省博物館、復旦大學出土文獻與古文字研究中心編纂《馬王堆漢墓簡帛集成（叄）》〔M〕，北京：中華書局，2014 年 6 月，第 180 頁。

40. 中國國家博物館、中國書法家協會《中國國家博物館典藏甲骨文金文集粹》〔M〕，合肥：安徽美術出版社，2015 年 6 月。

41. 李松儒《清華簡〈繫年〉集釋》〔M〕，上海：中西書局，2015 年 10 月。

42. 清華大學出土文獻研究與保護中心，李學勤主編《清華大學藏戰國竹簡（陸）》〔M〕，上海：中西書局，2016 年 4 月。

43. 清華大學出土文獻研究與保護中心，李學勤主編《清華大學藏戰國竹簡（柒）》〔M〕，上海：中西書局，2017 年 4 月。

三、期刊與集刊論文

1. 孫人和《左宦漫錄・兩棠考》〔C〕，《文史》第二輯，北京：中華書局，1963 年 4 月，第 45 頁。

2. 駱賓基《鄭之「七穆」考》〔J〕，《文獻》1984 年第 3 期，第 40～48 頁。

3. 尚志儒《鄭、棫林之故地及其源流探討》〔C〕，《古文字研究》第十三輯，北京：中華書局，1986 年 6 月，第 438～450 頁。

4. 黃錫全、李祖才《鄭臧公之孫鼎銘文考釋》〔J〕，《考古》1991 年第 9 期，第 855～858 頁。

5. 晁福林《論鄭國的政治發展及其歷史特徵》〔J〕，《南都學壇（社會科學版）》1992 年第 3 期，第 40～44 頁。

6. 沈長雲《證桓公未死幽王之難考》〔C〕，《文史》第四十三輯，北京：中華書局，1997 年 8 月，第 244～247 頁。

7. 孔令遠《王子嬰次爐的復原及其國別問題》〔J〕，《考古與文物》2002 年第 4 期，第 30～33 頁。

8. 王輝、蕭春源《新見青銅器銘文考跋二則》〔J〕，《考古與文物》2003 年第 2 期，第 81～85 頁。

9. 尹盛平《西周金文世族與宗法制度》〔C〕，《陝西歷史博物館館刊》第十一輯，西安：三秦出版社，2004 年 12 月，第 10～25 頁。

10. 邵炳軍《鄭武公滅檜年代補證》〔J〕，《上海大學學報（社會科學版）》2005 年第 1 期，第 31～35 頁。

11. 李玉潔《鄭國的都城和疆域》〔J〕，《中州學刊》2005 年第 6 期，第 162～164 頁。

12. 邵炳軍、路艷艷《〈詩・檜風・隰有萇楚〉〈匪風〉作時補證》〔J〕，《中國文化研究》2006 年第 3 期，第 38～44。

13. 李峰《西周金文中的鄭地和鄭國東遷》〔J〕，《文物》2006 年第 9 期，第 70～78 頁。

14. 張莉《登封告成春秋鄭國貴族墓研究》〔J〕，《中國歷史文物》2007 年第 5 期，第 74～80 頁。

15. 楊建敏《從〈世本〉記載看鄭國四都三遷》〔J〕，《黃河科技大學學報》2009 年第 4 期，第 42～47 頁。

16. 李天虹《竹書〈鄭子家喪〉所涉歷史事件綜析》〔C〕，《出土文獻》第一

輯，上海：中西書局，2010 年 8 月，第 185～193 頁。

17. 林清源《上博（七）〈鄭子家喪〉文本問題檢討》〔C〕，中央研究院歷史語言研究所《第三屆古文字與古代史國際學術研討會論文集》，2011 年 3 月 25-27 日，第 295～296 頁。

18. 馮時《〈鄭子家喪〉與〈鐸氏微〉》〔J〕，《考古》2012 年第 2 期，第 76～83 頁。

19. 趙長征《周鄭繻葛之戰與「魚麗」之陣》〔J〕，《文史知識》2012 年第 3 期，第 16～21 頁。

20. 李學勤《新整理清華簡六種概述》〔J〕，《文物》2012 年第 8 期，第 66～71 頁。

21. 魏慈德《〈上博〉與〈清華〉簡中的楚國史事輯捕》〔C〕，《出土文獻語言研究》第二輯，廣州：暨南大學出版社，2015 年 3 月，第 145～165 頁。

22. 羅小華《試論清華簡〈良臣〉中的「子剌」》〔C〕，《出土文獻》第六輯，上海：中西書局，2015 年 4 月，第 198～200 頁。

23. 劉麗《出土傳世文獻所見鄭國婚姻關係探討》〔C〕，《出土文獻》第六輯，上海：中西書局，2015 年 4 月，第 32～54 頁。

24. 代生、張少筠《清華簡〈繫年〉所見鄭國史事初探》〔J〕，《中南大學學報（社會科學版）》2015 年第 3 期，第 242～247 頁。

25. 廖群《上海博物館敘事簡與先秦「說體」研究》〔J〕，《中南民族大學學報（人文社會科學版）》2016 年第 1 期，第 138～143 頁。

26. 李學勤《有關春秋史事的清華簡五種綜述》〔J〕，《文物》2016 年第 3 期，第 79～83 頁。

27. 李守奎《〈鄭武夫人規孺子〉中的喪禮用語與相關的禮制問題》〔J〕，《中國史研究》2016 年第 1 期，第 11～18 頁。

28. 馬楠《清華簡〈鄭文公問太伯〉與鄭國早期史事》〔J〕，《文物》2016 年第 3 期，第 84～87 頁。

29. 陳偉《鄭伯克段「前傳」的歷史敘事》〔N〕，《中國社會科學報》2016 年 5 月 30 日。

30. 劉光《清華簡〈鄭文公問太伯〉所見鄭國初年史事研究》〔J〕，《山西檔案》2016 年第 6 期，第 31～34 頁。

31. 吳良寶《清華簡地名「鄭」「邲」小考》〔C〕，《出土文獻》第九輯，上海：中西書局，2016 年 10 月，第 178～182 頁。

32. 尉侯凱《〈左傳〉「公子士洩」新考》〔J〕，《殷都學刊》2017 年第 1 期，第 53～56 頁。

33. 尉侯凱《讀清華簡六札記（五則）》〔C〕，《出土文獻》第十輯，北京：中西書局，2017 年 4 月第 1 版，第 124～129 頁。

34. 晁福林《談清華簡〈鄭武夫人規孺子〉的史料價值》〔J〕,《清華大學學報(哲學社會科學版)》2017 年第 3 期,第 125～139 頁。

35. 程浩《封子楚簠與〈繫年〉中的「子封子」》〔C〕,華東師範大學歷史學系《第二屆出土文獻與先秦史研究工作坊論文集》,2017 年 11 月 18 日,第 54～57 頁。

四、碩博學位論文

1. 房占紅《七穆與鄭國政治》〔D〕,長春:吉林大學,1999 年碩士學位論文。

2. 韓巍《西周金文世族研究》〔D〕,北京:北京大學,2007 年博士學位論文。

3. 蘇勇《周代鄭國史研究》〔D〕,長春:吉林大學,2010 年博士學位論文。

4. 馮志燕《春秋時期政治預言研究》〔D〕,長春:吉林大學 2011 年碩士學位論文。

5. 林寶華《春秋鄭國卿族的權力維繫及其歷史變遷》〔D〕,南昌:江西師範大學,2012 年碩士學位論文。

6. 馬超《春秋時期淮上方國金文研究》〔D〕,合肥:安徽大學,2014 年碩士學位論文。

7. 熊棟樑《鄭國東遷歷史地理研究》〔D〕,武漢:湖北省社會科學院,2016 年碩士學位論文。

8. 高雪《兩周之際東遷封國轉型研究──以虢、鄭為例》〔D〕,上海:華東師範大學,2016 年碩士學位論文。

9. 李未然《兩周鄭國青銅器銘文彙考》〔D〕,天津:天津師範大學,2016 年碩士學位論文。

五、網絡文獻

1. 復旦大學出土文獻與古文字研究中心研究生讀書會《〈上博七·鄭子家喪〉校讀》〔EB/OL〕,復旦大學出土文獻與古文字研究中心網,2008 年 12 月 31 日,http://www.gwz.fudan.edu.cn/Web/Show/584

2. 陳偉《〈鄭子家喪〉初讀》〔EB/OL〕,簡帛網,2008 年 12 月 31 日,http://www.bsm.org.cn/show_article.php?id=919

3. 何有祖《上博七〈鄭子家喪〉劄記》〔EB/OL〕,簡帛網,2008 年 12 月 31 日,http://www.bsm.org.cn/show_article.php?id=917

4. 程燕《上博七讀後記》〔EB/OL〕,復旦大學出土文獻與古文字研究中心網,2008 年 12 月 31 日,http://www.gwz.fudan.edu.cn/Web/Show/586

5. 郝士宏《讀〈鄭子家喪〉小記》〔EB/OL〕,復旦大學出土文獻與古文字研究中心網,2009 年 1 月 3 日,http://www.gwz.fudan.edu.cn/Web/Show/602

6. 一蠹《由〈鄭子家喪〉看〈左傳〉的一處注文》〔EB/OL〕，復旦大學出土文獻與古文字研究中心網，2009 年 1 月 3 日，http://www.gwz.fudan.edu.cn/Web/Show/609

7. 葛亮《〈上博七・鄭子家喪〉補說》〔EB/OL〕，復旦大學出土文獻與古文字研究中心網，2009 年 1 月 5 日，http://www.gwz.fudan.edu.cn/Web/Show/616

8. 熊立章《續釋「春」及〈上博七〉中的幾個字》〔EB/OL〕，簡帛網，2009 年 1 月 9 日，http://www.bsm.org.cn/show_article.php?id=962

9. 陳偉《〈鄭子家喪〉通釋》〔EB/OL〕，簡帛網，2009 年 1 月 10 日，http://www.bsm.org.cn/show_article.php?id=964

10. 李天虹《〈鄭子家喪〉補釋》〔EB/OL〕，簡帛網，2009 年 1 月 12 日，http://www.bsm.org.cn/show_article.php?id=967

11. 劉信芳《〈上博藏（七）〉試說（之三）》〔EB/OL〕，復旦大學出土文獻與古文字研究中心網，2009 年 1 月 18 日，http://www.gwz.fudan.edu.cn/Web/Show/669

12. 楊澤生《〈上博七〉補說》〔EB/OL〕，復旦大學出土文獻與古文字研究中心網，2009 年 1 月 14 日，http://www.gwz.fudan.edu.cn/Web/Show/656

13. 劉雲《上博七詞義五札》〔EB/OL〕，簡帛網，2009 年 3 月 17 日，http://www.bsm.org.cn/show_article.php?id=1004

14. 孫賽雄《〈上海博物館藏戰國楚竹書（七）・鄭子家喪〉集釋》，未發表。

15. 李詠健《〈上博七・鄭子家喪〉「毋敢排門而出」考》〔EB/OL〕，簡帛網，2011 年 4 月 15 日，http://www.bsm.org.cn/show_article.php?id= 1453

16. 李詠健《〈上博七・鄭子家喪〉「利木」釋讀再議》〔EB/OL〕，簡帛網，2011 年 6 月 19 日，http://www.bsm.org.cn/show_article.php?id= 1497

17. 李詠健《〈上博七・鄭子家喪〉「苴索」補釋》〔EB/OL〕，簡帛網，2011 年 6 月 19 日，http://www.bsm.org.cn/show_article.php?id=1496

18. 孫飛燕《試談〈繫年〉中厥貉之會與晉吳伐楚的紀年》〔EB/OL〕，復旦大學出土文獻與古文字研究中心網，2012 年 3 月 31 日，http://www.gwz.fudan.edu.cn/SrcShow.asp?Src_ID=1810

19. 周飛《清華簡〈良臣〉篇箚記》〔EB/OL〕，清華大學出土文獻研究與保護中心網，2013 年 1 月 8 日，http://www.ctwx.tsinghua.edu.cn/publish/cetrp/6842/2013/20130108220711103193411/20130108220711103193411_.html

20. 王紅亮《據清華簡〈繫年〉證〈左傳〉一則》〔EB/OL〕，復旦大學出土文獻與古文字研究中心網，2013 年 4 月 23 日，http://www.gwz.fudan.edu.cn/SrcShow.asp?Src_ID=2037

21. 程浩《小議〈良臣〉中的「叔向」》〔EB/OL〕，清華大學出土文獻研究與保護中心網，2013 年 5 月 12 日，http://www.ctwx.tsinghua.edu.cn/publish/

cetrp/6842/2013/20130512212040098858357/20130512212040098858357_.
html

22. 黃錦前《鄭人金文兩種讀釋》〔EB/OL〕，復旦大學出土文獻與古文字研究中心網，2016 年 1 月 14 日，http://www.gwz.fudan.edu.cn/Src Show.asp?Src_ID=2725

23. 簡帛論壇《清華六〈鄭武夫人規孺子〉初讀》〔EB/OL〕，簡帛網，http://www.bsm.org.cn/bbs/read.php?tid=3345&page=1

24. 簡帛論壇《清華六〈鄭文公問太伯〉初讀》〔EB/OL〕，簡帛網，http://www.bsm.org.cn/bbs/read.php?tid=3346&fpage=4

25. 簡帛論壇《清華六〈子產〉初讀》〔EB/OL〕，簡帛網，http://www.bsm.org.cn/bbs/read.php?tid=3344&fpage=2

26. 王紅亮《清華六〈鄭武夫人規孺子〉有關歷史問題解說》〔EB/OL〕，復旦大學出土文獻與古文字研究中心網，2016 年 4 月 17 日，http://www.gwz.fudan.edu.cn/Web/Show/2772

27. 孟躍龍《清華簡「伊關」即「伊闕」說》〔EB/OL〕，簡帛網，2016 年 4 月 18 日，http://www.bsm.org.cn/show_article.php?id=2521

28. 王寧《由清華簡六二篇說鄭的立國時間問題》〔EB/OL〕，復旦大學出土文獻與古文字研究中心網，2016 年 4 月 20 日，http://www.gwz.fudan.edu.cn/Web/Show/2777

29. 子居《清華簡〈鄭文公問太伯（甲本）〉解析》〔EB/OL〕，中國先秦史網，2016 年 5 月 1 日，http://xianqin.byethost10.com/2016/05/01/327?i=1

30. 張伯元《清華簡六〈子產〉篇「法律」一詞考》〔EB/OL〕，簡帛網，2016 年 5 月 10 日，http://www.bsm.org.cn/show_article.php?id=2551

31. 王寧《清華簡六〈鄭文公問太伯〉的「縈軛」「遺陰」解》〔EB/OL〕，復旦大學出土文獻與古文字研究中心網，2016 年 5 月 16 日，http://www.gwz.fudan.edu.cn/Web/Show/2793

32. 王寧《清華簡六〈鄭文公問太伯〉「函」「嘗」別解》〔EB/OL〕，復旦大學出土文獻與古文字研究中心網，2016 年 5 月 20 日，http://www.gwz.fudan.edu.cn/Web/Show/2801

33. 王寧《清華簡六〈鄭文公問太伯〉（甲本）釋文校讀》〔EB/OL〕，復旦大學出土文獻與古文字研究中心網，2016 年 5 月 30 日，http://www.gwz.fudan.edu.cn/Web/Show/2809

34. 尉侯凱《〈鄭文公問太伯〉（甲本）注釋訂補（三則）》〔EB/OL〕，簡帛網，2016 年 6 月 6 日，http://www.bsm.org.cn/show_article.php?id=2569

35. 子居《清華簡〈鄭武夫人規孺子〉解析》〔EB/OL〕，中國先秦史網，2016 年 6 月 7 日，http://xianqin.byethost10.com/2016/06/07/338

36. 尉侯凱《清華簡六〈鄭武夫人規孺子〉編連獻疑》〔EB/OL〕，簡帛網，

2016 年 6 月 9 日，http://www.bsm.org.cn/show_article.php?id=2573

37. 王寧《清華簡〈良臣〉〈子產〉中子產師、輔人名雜識》〔EB/OL〕，復旦大學出土文獻與古文字研究中心網，2016 年 6 月 27 日，http://www.gwz.fudan.edu.cn/Web/Show/2843

38. 黃聖松、黃庭頎《〈清華六·鄭文公問太伯〉札記》〔EB/OL〕，漢大學簡帛研究中心，2016 年 9 月 7 日，http://www.bsm.org.cn/show_article.php?id=2628

39. 黃聖松、黃庭頎《〈清華六·鄭文公問太伯〉札記（二）》〔EB/OL〕，簡帛網，2016 年 9 月 14 日，http://www.bsm.org.cn/show_article.php?id=2631

40. 范雲飛《〈清華陸·子產〉「尊令裕義」解》〔EB/OL〕，簡帛網，2016 年 10 月 18 日，http://www.bsm.org.cn/show_article.php?id=2646

後　記

　　此書是在筆者碩士學位論文的基礎上整理並修改而成的。感謝我的導師侯乃峰老師，在導師的耐心指導和幫助下，筆者得以順利完成此書的撰寫與修改。感謝韓鋒老師、張俊成老師、宋立林老師、鞏寶平老師、趙滿海老師的悉心指導，並提出了許多寶貴建議。此外，本成果由曲阜師範大學中國史「一流學科」支持出版，係成積春泰山學者團隊研究成果。

　　感謝花木蘭文化事業有限公司爲拙稿提供出版的機會。同時感謝出版社的潘美月、杜潔祥、楊嘉樂諸位老師的辛苦工作。